古典文獻研究輯刊

三七編

潘美月・杜潔祥 主編

第 17 冊

元代詩文集整理與研究舉隅（下）

陳 建 軍 著

國家圖書館出版品預行編目資料

元代詩文集整理與研究舉隅（下）／陳建軍 著 -- 初版 -- 新
北市：花木蘭文化事業有限公司，2023〔民112〕
目 4+144 面；19×26 公分
（古典文獻研究輯刊 三七編；第 17 冊）
ISBN 978-626-344-480-5（精裝）
1.CST：中國詩 2.CST：研究考訂 3.CST：元代
011.08   112010520

古典文獻研究輯刊
三七編　第十七冊　　　　　　　　ISBN：978-626-344-480-5

元代詩文集整理與研究舉隅（下）

作　　者　陳建軍
主　　編　潘美月、杜潔祥
總 編 輯　杜潔祥
副總編輯　楊嘉樂
編輯主任　許郁翎
編　　輯　張雅淋、潘玟靜　美術編輯　陳逸婷
出　　版　花木蘭文化事業有限公司
發 行 人　高小娟
聯絡地址　235 新北市中和區中安街七二號十三樓
　　　　　電話：02-2923-1455／傳真：02-2923-1452
網　　址　http://www.huamulan.tw 信箱 service@huamulans.com
印　　刷　普羅文化出版廣告事業
初　　版　2023 年 9 月
定　　價　三七編 58 冊（精裝）新台幣 150,000 元　　版權所有・請勿翻印

元代詩文集整理與研究舉隅（下）

陳建軍　著

目

次

上 冊

序 丁治民

總　論 …………………………………………………… 1

上編　《雙溪醉隱集》整理與研究 ……………………… 3

第一章　緒　論 ………………………………………… 5

第二章　《雙溪醉隱集》版本源流及整理說明 ……… 7

第三章　《雙溪醉隱集》之四庫全書提要點校 ……… 11

第四章　《雙溪醉隱集》校注 ………………………… 13

　原序 ……………………………………………………… 13

　雙溪醉隱集卷一　賦 ………………………………… 16

　　天香臺賦 ……………………………………………… 16

　　天香亭賦 ……………………………………………… 27

　　瓊林園賦並序 ………………………………………… 35

　　獨醉園賦 ……………………………………………… 45

　　獨醉亭賦 ……………………………………………… 48

　雙溪醉隱集卷二　樂府 ……………………………… 51

　　凱歌樂詞九首　並序 ………………………………… 51

　　後凱歌詞九首 ………………………………………… 53

　　凱樂歌詞曲並序 ……………………………………… 55

後凱歌詞九首詔發諸軍有事於溯方也 ⋯⋯⋯⋯⋯ 56

騎吹曲辭九首 ⋯⋯⋯⋯⋯⋯⋯⋯⋯⋯⋯ 60

後騎吹曲詞九首 ⋯⋯⋯⋯⋯⋯⋯⋯⋯⋯ 61

婆羅門六首並序 ⋯⋯⋯⋯⋯⋯⋯⋯⋯⋯ 66

五言古詩 ⋯⋯⋯⋯⋯⋯⋯⋯⋯⋯⋯⋯⋯ 70

真遊挾飛仙 ⋯⋯⋯⋯⋯⋯⋯⋯⋯⋯⋯⋯ 70

七言古詩 ⋯⋯⋯⋯⋯⋯⋯⋯⋯⋯⋯⋯⋯ 75

述實錄四十韻並序 ⋯⋯⋯⋯⋯⋯⋯⋯⋯ 76

雙溪醉隱集卷三 ⋯⋯⋯⋯⋯⋯⋯⋯⋯⋯⋯ 91

五言律詩 ⋯⋯⋯⋯⋯⋯⋯⋯⋯⋯⋯⋯⋯ 91

五言排律 ⋯⋯⋯⋯⋯⋯⋯⋯⋯⋯⋯⋯ 101

七言律詩 ⋯⋯⋯⋯⋯⋯⋯⋯⋯⋯⋯⋯ 101

雙溪醉隱集卷四 ⋯⋯⋯⋯⋯⋯⋯⋯⋯⋯ 123

七言律詩 ⋯⋯⋯⋯⋯⋯⋯⋯⋯⋯⋯⋯ 123

雙溪醉隱集卷五 ⋯⋯⋯⋯⋯⋯⋯⋯⋯⋯ 139

五言絕句 ⋯⋯⋯⋯⋯⋯⋯⋯⋯⋯⋯⋯ 139

七言絕句 ⋯⋯⋯⋯⋯⋯⋯⋯⋯⋯⋯⋯ 143

五禽詠 ⋯⋯⋯⋯⋯⋯⋯⋯⋯⋯⋯⋯⋯ 167

雙溪醉隱集卷六 ⋯⋯⋯⋯⋯⋯⋯⋯⋯⋯ 168

七言絕句 ⋯⋯⋯⋯⋯⋯⋯⋯⋯⋯⋯⋯ 168

詩餘 ⋯⋯⋯⋯⋯⋯⋯⋯⋯⋯⋯⋯⋯⋯ 189

雜著 ⋯⋯⋯⋯⋯⋯⋯⋯⋯⋯⋯⋯⋯⋯ 190

贊 ⋯⋯⋯⋯⋯⋯⋯⋯⋯⋯⋯⋯⋯⋯⋯ 193

銘 ⋯⋯⋯⋯⋯⋯⋯⋯⋯⋯⋯⋯⋯⋯⋯ 195

頌 ⋯⋯⋯⋯⋯⋯⋯⋯⋯⋯⋯⋯⋯⋯⋯ 195

下　冊

第五章　《雙溪醉隱集》征戰術語考釋 ⋯⋯⋯⋯ 197

一、軍名 ⋯⋯⋯⋯⋯⋯⋯⋯⋯⋯⋯⋯⋯ 198

二、陣名 ⋯⋯⋯⋯⋯⋯⋯⋯⋯⋯⋯⋯⋯ 201

三、營名 ⋯⋯⋯⋯⋯⋯⋯⋯⋯⋯⋯⋯⋯ 201

四、盟名 ⋯⋯⋯⋯⋯⋯⋯⋯⋯⋯⋯⋯⋯ 202

參考文獻 ⋯⋯⋯⋯⋯⋯⋯⋯⋯⋯⋯⋯⋯ 203

第六章 《雙溪醉隱集》之朝陽方言詞語點滴……205
　　一、朝陽方言歷史勾勒……………………206
　　二、朝陽方言語音存變現象考察……208
　　參考文獻……………………………………211
下編 《五峰集》詩文用韻研究………………213
第一章 緒 論…………………………………215
　第一節 研究現狀與研究意義……………215
　第二節 李孝光及其作品簡介……………217
　第三節 操作程序和分析原則……………221
第二章 韻 例…………………………………223
　第一節 基本用韻體例……………………223
　　一、韻文段落的標識……………………223
　　二、偶句韻………………………………223
　　三、連句韻………………………………224
　　四、奇句韻………………………………225
　第二節 特殊用韻體例……………………227
　　一、包圍韻與分應韻……………………227
　　二、四聲通韻和類推入韻………………227
第三章 韻譜和押韻部類………………………229
　第一節 陰聲各部…………………………230
　　一、歌戈部………………………………230
　　二、家麻部………………………………233
　　三、魚模部………………………………236
　　四、咍皆部（近體詩咍灰部、皆佳部）……243
　　五、齊支部（近體詩支微部、齊西部）……247
　　六、蕭豪部………………………………256
　　七、尤侯部………………………………259
　第二節 陽聲各部…………………………264
　　一、覃談部（近體詩覃談部、鹽嚴部）……264
　　二、侵尋部………………………………267
　　三、真文部（近體詩真諄部、文雲部、元魂部）……269
　　四、寒先部………………………………275

五、江陽部（近體詩析為陽唐部和江雙部）‧‧284

六、庚蒸部 ‧‧‧‧‧‧‧‧‧‧‧‧‧‧‧‧‧‧‧‧‧‧‧‧‧‧‧‧‧‧‧‧‧‧‧‧‧‧ 288

七、東鍾部 ‧‧‧‧‧‧‧‧‧‧‧‧‧‧‧‧‧‧‧‧‧‧‧‧‧‧‧‧‧‧‧‧‧‧‧‧‧‧ 295

第三節　入聲各部 ‧‧‧‧‧‧‧‧‧‧‧‧‧‧‧‧‧‧‧‧‧‧‧‧‧‧‧‧‧‧‧‧ 298

一、德緝部 ‧‧‧‧‧‧‧‧‧‧‧‧‧‧‧‧‧‧‧‧‧‧‧‧‧‧‧‧‧‧‧‧‧‧‧‧ 298

二、月帖部（近體詩葉帖部）‧‧‧‧‧‧‧‧‧ 301

三、藥覺部 ‧‧‧‧‧‧‧‧‧‧‧‧‧‧‧‧‧‧‧‧‧‧‧‧‧‧‧‧‧‧‧‧‧‧‧‧ 304

四、屋燭部（近體詩屋谷部、燭玉部）‧‧‧‧‧‧ 305

第四章　異調相押的類型及性質 ‧‧‧‧‧‧‧‧‧‧‧‧‧‧‧ 309

第一節　上去相押與濁上變去 ‧‧‧‧‧‧‧‧‧‧‧‧‧‧ 309

第二節　平上相押 ‧‧‧‧‧‧‧‧‧‧‧‧‧‧‧‧‧‧‧‧‧‧‧‧‧‧‧‧‧ 311

第三節　平去相押 ‧‧‧‧‧‧‧‧‧‧‧‧‧‧‧‧‧‧‧‧‧‧‧‧‧‧‧‧‧ 311

第五章　古體詩和文韻部分合及語音特徵討論 ‧‧‧ 313

第一節　通語或韻書記載的音變現象 ‧‧‧‧‧‧‧‧‧‧ 313

一、佳夬韻系部分字向家麻部轉化 ‧‧‧‧‧‧ 313

二、尤侯部部分唇音字押入魚模 ‧‧‧‧‧‧‧‧ 314

三、灰韻系泰韻合口字向齊支部演化 ‧‧‧‧ 315

四、庚蒸部合口牙喉音開口唇音向東鍾部
轉化 ‧‧‧ 315

第二節　方音以及古韻等音變現象 ‧‧‧‧‧‧‧‧‧‧‧‧ 316

一、陰聲各部 ‧‧‧‧‧‧‧‧‧‧‧‧‧‧‧‧‧‧‧‧‧‧‧‧‧‧‧‧‧‧‧‧ 316

二、陽聲各部 ‧‧‧‧‧‧‧‧‧‧‧‧‧‧‧‧‧‧‧‧‧‧‧‧‧‧‧‧‧‧‧‧ 323

三、入聲各部 ‧‧‧‧‧‧‧‧‧‧‧‧‧‧‧‧‧‧‧‧‧‧‧‧‧‧‧‧‧‧‧‧ 327

第三節　塞音韻尾的脫落與去入為韻 ‧‧‧‧‧‧‧‧‧‧‧ 328

一、平入為韻 2 例 ‧‧‧‧‧‧‧‧‧‧‧‧‧‧‧‧‧‧‧‧‧‧‧‧‧ 329

二、去入為韻 2 例 ‧‧‧‧‧‧‧‧‧‧‧‧‧‧‧‧‧‧‧‧‧‧‧‧‧ 329

第六章　近體詩的借韻與出韻情況討論 ‧‧‧‧‧‧‧‧‧‧ 331

第七章　結　論 ‧‧‧‧‧‧‧‧‧‧‧‧‧‧‧‧‧‧‧‧‧‧‧‧‧‧‧‧‧‧‧‧‧‧‧ 335

參考文獻 ‧‧‧ 337

第五章 《雙溪醉隱集》征戰術語考釋

　　《雙溪醉隱集》由被譽為「元代契丹族詩童」[一] 的耶律鑄所著，耶律鑄
（1221～1285），字成仲，遼東丹王九世孫，蒙元初期中書令耶律楚材次子，
義州弘政（今遼寧義縣）人 [二]。耶律鑄「少而聰敏，尤工騎射。從憲宗征蜀，
屢建功績。後三入中書，定法令，制雅樂，多所裨贊。經濟不愧其父，而文章
亦具有父風，故元好問、李冶諸人皆與款契。」（《四庫全書·館臣序》）耶律
鑄早年即有詩集付梓，一生創作頗豐。《雙溪醉隱集》篇什較多，曾有《前集》、
《新集》、《續集》、《別集》、《外集》諸名。但《雙溪醉隱集》久佚不傳，藏書
家至不能舉其名氏。惟明錢溥《內閣書目》有《耶律丞相雙溪集》十九冊，亦
不詳其卷目。四庫館臣從明錢溥《內閣書目》及《永樂大典》輯錄整理出新本
《雙溪醉隱集》，即今案頭之卷。耶律鑄文武全才，善屬文的同時尤工騎射，
早年從征伐，足跡涉歷多西北極遠之區，故所述塞外地理典故，往往詳覈。閻
福玲（1997）「耶律鑄有邊塞詩 110 多首，包括 68 首邊塞樂府詩和 45 首西北、
北方邊塞詩，占其《雙溪醉隱集》存詩總量的七分之一。」[三]

　　李軍（2004）指出：蒙元帝國是蒙古族建立的政權，從成吉思汗到蒙哥近
半個世紀（1211～1259）的對外征戰，疆域極大開拓，形成了一個超越漢唐、
橫跨歐亞大陸的龐大帝國。耶律鑄一生除至元七年（1265）罷官家居數年和
晚年貶官外，大部分時間隨憲宗、世祖征戰。因此對朔方、西蜀、漠北的邊塞
征戰生活極為熟悉。詩作中飽含著攻城掠地，佔據中原，統一全國的政治理想
[四]。難能可貴的是，耶律鑄把這樣的政治理想寄託在對征戰雙方所用術語的
隱喻和轉喻過程中，有必要將其中關於軍旅、陣營及盟約名稱的特稱術語勾勒
出來，略加考釋，以求教於方家。

一、軍名

虎旅　龍驤

金蓮川駕還幸所也

　　金蓮川上水雲間，營衛清沉探騎閒。鎮西虎旅臨青海，追北龍驤過黑山。

　　虎旅，虎賁氏與旅賁氏的並稱。兩者均掌王之警衛。後因以「虎旅」為衛士之稱。《文選·張衡〈西京賦〉》：「陳虎旅於飛廉，正壘壁乎上蘭。」李善注：「《周禮》：『虎賁，下大夫；旅賁氏，中士也。』」隱喻指勇猛的軍隊。唐·李白《餞李副使藏用移軍廣陵序》：「翕振虎旅，赫張王師。」王琦注：「太白所謂虎旅，指有力如虎之眾耳，與李氏所解有異。」唐·李商隱《馬嵬》詩之一：「空聞虎旅鳴（一作傳）宵柝，無復雞人報曉籌。」明·吳承恩《賀周竺墩升都督障詞》：「清時建節，控虎旅於風雲；壯歲逢辰，近龍光於日月。」

　　龍驤，亦作「龍襄」。昂舉騰躍貌。《漢書·敘傳下》：「雲起龍襄，化為侯王，割有齊楚，跨制淮梁。」顏師古注：「襄，舉也。」後以泛指英勇的軍隊。《舊五代史·唐書·莊宗紀》：「梁有龍驤、神威、拱宸等軍，皆武勇之士也。每一人鎧仗費數十萬，裝以組繡，飾以金銀，人望而畏之。」

貔虎

益屯戍詔諸王益戍兵也

　　睿算籌邊勢萬全，益屯貔虎在雄邊。東連王塞西通海，南接金山北到天。

古戰城南

　　結陣背南河，指顧望城北。冠軍申號令，謂彼是勁敵。今朝一戰在，有國與無國。但得社稷存，此命不足惜。風雲為動色，士卒為感激。奇正遽雷合，橫衝奮霆擊。雌雄勢未決，忽忽日將匿。以劍指羲和，揮戈呼天日。天地有情時，敢乞饒一擲。貔虎張空拳，搏戰到昏黑。忽焉如海泄，聲震裂區域。對面不辨人，何許可追襲。平明按戰所，澗壑盡平積。畢賀雪前恥，有力於王室。拜詔未央宮，哀懇辭封邑。五湖舊煙景，先師有遺跡。

後突厥三臺

　　陣雲寒壓渭橋低，四野驚雷殷鼓鼙。約定引還雲騎去，一時爭噴北風嘶。

貔虎楊威指顧間，先聲已碎玉門關。向來香火情何在，已說元戎逼鐵山。

貔虎，亦作「豼虎」，貔和虎，泛指猛獸。三國・魏・阮籍《搏赤猿帖》：「僕不想歘爾夢搏赤猿，其力甚於貔虎。」明・王世貞《將軍行》：「翩翩執金吾，緹騎類貔虎。」隱喻指勇猛的將士。《後漢書・光武帝紀贊》：「尋邑百萬，貔虎為群。」南朝・梁・劉孝標《辯命論》：「驅貔虎，奮尺劍，入紫微，升帝道。」唐・岑參《陪狄員外早秋登府西樓因呈院中諸公》詩：「階下豼虎士，幕中鴛鷺行。」

追銳　摧鋒　梟獍　熊羆

高闕

駢馳追銳翼摧鋒，梟獍窠巢一夜空。光射鐵衣寒透徹，冷風如箭月如弓。

不周

熊羆此去從無定，梟獍當來自不周。清一八紘天意在，已教克復了神州。

追銳、摧鋒，作者自注云：我軍掩遺敵於高闕塞境。《史記》：趙武靈王築長城，自代傍陰山下至高闕，青將六將軍軍出朔方高闕。《漢書》：衛青、李息出雲中至高闕。後漢祭肜出高闕塞，吳棠出朔方高闕，則其地也。《通典》：高闕，唐屬九原郡，九原縣西北到受降城八十里。《唐書》：今之西城，即漢之高闕塞也，北去磧石三百里。追銳、摧鋒，皆軍名也。

梟獍，《述異記》獍之為獸，狀如虎豹而小。始生，還食其母，故曰梟獍。《韻會》通作鏡。比喻忘恩負義之徒或狠毒的人。北魏・楊衒之《洛陽伽藍記・永寧寺》：「若兆者蜂目豺聲，行窮梟獍，阻兵安忍，賊害君親。」范祥雍校釋：「《漢書》二十五《郊祀志》：『祠黃帝用一梟破鏡。』孟康注：『梟，鳥名，食母；破鏡，獸名，食父。』破鏡即是獍。此以比喻很戾忘恩之人。」《魏書・恩倖傳・侯剛》：「曾無犬馬識主之誠，方懷梟鏡返噬之志。」唐・元稹《捕捕歌》：「外無梟鏡援，內有熊羆驅。」按：本詩當喻指敵軍名。

熊羆，熊和羆皆為猛獸。因以喻勇士或雄師勁旅。《書・牧誓》：「尚桓桓，如虎如貔，如熊如羆。」《書・康王之誥》：「則亦有熊羆之士，不二心之臣，保乂（乂，治理；安定。《爾雅》：乂，治也。《漢書・武五子傳》：保國乂民。）王家。」唐・楊炯《唐右將軍魏哲神道碑》：「勝殘去殺，上馮宗廟之威；禁暴戟奸，下藉熊羆之用。」元・朱守諒《秋夜偶成》詩：「暫止熊羆消大暑，秋

深雲合殄妖氛。」黃燮清《黃天蕩懷古》詩：「八千勁旅走熊羆，曾斷金人十萬師。」

鯨鯢

戰焉支

羽檄交馳召虎賁，期門受戰已黃昏。信剪鯨鯢知有處，山川爭震盪乾坤。

後結襪子

未應一吐明月珠，便欲延光萬千載。請吞梟獍剪鯨鯢，直蹴崑崙過西海。

鯨鯢，即鯨。雄曰鯨，雌曰鯢。唐·盧綸《奉陪渾侍中上巳日泛渭河》詩：「舟楫方朝海，鯨鯢自曝腮。」元·馬致遠《岳陽樓》第一折：「想鸞鶴只在秋江上，似鯨鯢吸盡銀河浪。」隱喻指兇惡的敵人，即敵軍名。《左傳·宣公十二年》：「古者明王伐不敬，取其鯨鯢而封之，以為大戮。」杜預注：「鯨鯢，大魚名，以喻不義之人吞食小國。」《晉書·愍帝紀》：「掃除鯨鯢，奉迎梓宮。」《資治通鑑·晉愍帝建興元年》引此文，胡三省注曰：「鯨鯢，大魚，鉤網所不能制，以此敵人之魁桀者。」

貔貅

金滿城

元取北庭都護府，府境都鄙有城曰金滿城，《後漢書》云金滿城，此其西域之門戶也。

寄重旌分閫外憂，順時驅率萬貔貅。回臨金滿城邊日，奄奪蒲昌海氣秋。

貔貅，古書上說的一種兇猛的野獸。《禮記·曲禮》：前有摯獸，則載貔貅。徐珂《清稗類鈔·動物·貔貅》：「貔貅，形似虎，或曰似熊，毛色灰白，遼東人謂之白熊。雄者曰貔，雌者曰貅，故古人多連舉之。」比喻驍勇的部隊。《晉書·熊遠傳》：命貔貅之士，鳴檄前驅。唐·張說《王氏神道碑》：「赳赳將軍，貔貅絕群。」元·王實甫《西廂記》第二本楔子：「羨威統百萬貔貅，坐安邊境。」

綜上，元代邊地軍旅名稱多與兇猛的野獸或鋒銳的兵器相關，用兇猛的野獸喻指勇猛的軍旅主要是因為本體與喻體之間有相似性，體現了元代人的概念隱喻思維（metaphor），而用鋒銳的兵器轉指勢盛的部隊則是因為本體與借體之間有相關性，體現了元代人的概念轉喻思維（metonymy）。

二、陣名

龍虎

著國華西北諸王稱藩，繼有平南之捷也。

　　四海承風著國華，更無龍虎漫紛拏。際天所覆人問地，今日都須是一家。
龍虎，作者自注：龍虎，二陣名也。

衝雲　飛龍　螣蛇

戰盧朐

　　神策霆聲振九區，縱兵雷合戰盧朐。競將蔽野衝雲陣，只片時間掃地無。

區脫

　　雲屯區脫會天兵，雷動龍趨從北平。馳驅日逐飛龍陣，夜薄花門偃月營。

涿邪山

　　鼓譟歡山撼涿邪，飛龍廖翼掩螣蛇。露營罷繚神鋒拏，雲陣猶轟霹靂車。
衝雲、飛龍，據詩義，當為陣名。《涿邪山》詩下詩人自注：螣蛇，陣名，
見《後魏書》。飛龍，亦陣名。

三、營名

區脫　花門　偃月

區脫

　　雲屯區脫會天兵，雷動龍趨從北平。馳驅日逐飛龍陣，夜薄花門偃月營。
　　區脫，作者自注：國朝以出征遊獵，帳幕之無輜重者，皆謂之區脫，凡軍
一車一灶亦皆謂之區脫，史傳所載區脫即此。《史記》：中間棄地，各居其邊為
甌脫。韋昭曰：界上屯守處。《索隱》曰：（筆者據補：服虔云：「作土室以伺
漢人。」）〈纂文〉云甌脫，土穴也。又云是地名。《前漢書》：漢得甌脫王，發
人民屯甌脫以備。漢晉灼曰：甌脫王，因邊境以為官。《蘇武傳》：「區脫捕得
生口。」服虔曰：區脫，土室，北人所作，以候漢者也。李奇曰：北人，邊境
羅落守衛官也。師古曰：區與甌同，區脫本非官號，北人邊境為候望之室，若
今之伏宿舍也。因其所解不同，故備錄之，以各居其邊，及備漢捕生口之說明

之，是邏偵者之營幕也，審矣。按：區脫，依詩人的自注，是邏偵者之營幕也，此說考證詳審，故為軍營名。

花門，《漢語大詞典》：「花門，山名，在居延海北三百里。唐初在該處設立堡壘，以抵禦北方外族。天寶時為回紇佔領，後因以花門為回紇的代稱。」按：薄，迫近、靠近，聯繫整句詩義，此處「花門」當為堡壘營寨的專有名稱。

偃月，《漢語大詞典》：「偃月營，半月形的陣營。〈三國志·魏志·楊阜傳〉：（楊阜）使從弟岳於城上作偃月營。前蜀韋莊〈春日〉詩：落星樓上吹殘角，偃月營中掛夕暉」。按：聯繫整句詩義，此處「偃月」當為營名。

四、盟名

留犁撓酒　徑路契金

司約

留犁可要教撓酒，徑路何為更契金。事豈出人明算外，慕容虛羨漫薰心。

詩人自注：北中諸國風俗，凡大盟約必以金屑和飲，其所從來遠矣。漢車騎都尉韓昌、光祿大夫張猛與呼韓邪單于為盟約，呼韓邪單于徑路契金留犁撓酒。應劭曰：徑路，北人寶刀也；留犁，飯匕也；撓，和也。契金著酒中撓攪飲之。顏師古曰：契刻，撓攪也。撓，呼高反。

按：此為訂立盟約的專用術語。《漢書·匈奴傳下》：「昌猛與單于及大臣俱登匈奴諾水東山，刑白馬，單于以徑路刀金留犁撓酒，以老上單于所破月氏王頭為飲器者共飲血盟。」顏師古注引應劭曰：「徑路，匈奴寶刀也（筆者據補：王先謙謂「徑路」為休屠王名，死而為神，遺有寶刀，故名）。金，契金也。留犁，飯匕也。撓，和也。契金著酒中，撓攪飲之。」用寶刀「徑路」、飯匕「留犁」攪酒，作血盟之飲，是漢時漢與匈奴間訂盟的一種儀式。後以「留犁撓酒」謂漢族王朝與其他少數民族統治者訂立和約。宋·王安石《次韻平甫喜唐公自契丹歸》：「留犁撓酒得戎心，繡袷通歡歲月深。」宋·秦觀《送林次中奉使契丹》詩：「留犁撓酒知胡意，尺牘貽書見漢情。」

洗兵

戰城南

自來古戰場，多在長城南，少在長城北。茫茫白骨甸，如何直接黃龍磧？

或云是從漢武開西域，耗折十萬眾，博得善馬數十匹。奮軍勢，務鏖擊，往來誰洗兵？赤河水猶赤，終棄輪臺地。其地於中國，失之且何損？得之本無益，歷計其所得，皆不償所失，雖下哀痛詔，追悔將何及？此是萬萬古，華夏覆車轍。底事夤緣其軌，迄李唐競喜邊功！好天矜英哲，明皇不慮漁陽厄。萬里孤軍征碎葉，隻輪曾不返。得無五情熱，暴殄生靈塗草莽，忍徇虛名為盛烈。君不見世間人心固結，是謂帝王真統業！君不聞四海內有美談？至元天子平江南，何曾漂杵與溺驂？聖人有金城，貴謀賤戰，不戰屈人兵。

洗兵，傳說周武王出師遇雨，認為是老天洗刷兵器，後擒紂滅商，戰爭停息。事見漢·劉向《說苑·權謀》。後遂以「洗兵」表示勝利結束戰爭。唐·劉長卿《平蕃曲》之一：「吹角報蕃營，回軍欲洗兵。」按：我們可以把「洗兵」解讀為戰爭一方同上天冥冥之中訂立的一種盟約休兵方式，故歸入盟約名類。

參考文獻

〔一〕唐潤：《元代契丹族詩童——耶律鑄》〔J〕，《中國民族》1991.12：80。

〔二〕李軍：《論耶律鑄和他的〈雙溪醉隱集〉》〔J〕，《民族文學研究》2004.2：18。

〔三〕閻福玲：《耶律鑄邊塞詩論析》〔J〕，《河北師院學報》1997.3：80。

〔四〕李軍：《論耶律鑄和他的〈雙溪醉隱集〉》〔J〕，《民族文學研究》2004.2：18。

〔五〕元·耶律鑄：《雙溪醉隱集》〔M〕，王國維校箋本。

第六章 《雙溪醉隱集》之朝陽方言詞語點滴

　　普通話是以北京語音為標準音，以北方話為基礎方言，以典範的現代白話文著作為語法規範的現代漢民族共同語。因此，從語音角度分析，北京話是現代漢語中尤為重要的方言，可以說普通話就是在古北京話的基礎上形成的。王力先生（1980：37）說：「自從 1153 年金遷都燕京（即今北京）以來，到今天已有八百多年，除了明太祖建都南京和國民黨遷都南京共五十多年以外，都是以北京為首都的。這六百多年的政治影響，就決定了民族共同語的基礎。」〔一〕林燾先生（1987：167）也明確指出「北京官話區以北京市為起點，從西向東，範圍逐步擴大，形成西南狹窄，東北寬闊的喇叭形區域，包括河北省東北部、內蒙古東部和東北三省的絕大部分」〔二〕。

　　因此，遼寧朝陽方言與作為普通話基礎方言的北京話有著密切的關係，按《中國語言地圖集》漢語方言十區劃分法：京師片、淮承片、朝峰片、石克片，還有新疆的北京官話北疆片，共 44 個市縣旗共同構成北京官話區。所以朝陽話也屬北京官話，和赤峰話同屬北京官話朝峰片（朝陽——赤峰）——實際上北京官話的主要分布區不在北京而在民國的「熱河省」境內，承德、赤峰、朝陽都是熱河省的城市。因此，理清朝陽方言史，對於研究普通話的形成和發展具有不可小覷的重要意義。

　　朝陽是一座歷史名城，秦、漢時叫柳城，西漢起設置郡縣，東晉、十六國時期叫龍城，北魏、隋、唐時稱營州，遼、金、元時又稱興中府，清初稱三座塔，乾隆四十三年（公元 1778 年）改為朝陽。關於朝陽方言的研究，迄今為止，只是以零星的論文的形式對其語音及語法進行過現象的描寫，我們擇其要

列舉如下：

李娓《如何克服朝陽語言中的「生硬、乾澀」的語音缺陷》//何占濤《朝陽方言語法特徵》//何占濤《朝陽方言詞彙的特點》//張新友《淺析遼寧朝陽方言》//顧憲軍《朝陽方言語音辨析》。

以上論文從語音、詞彙、語法等方面對處於北京官話和東北官話過渡區域的朝陽方言特殊現象作了描述和淺析，並從說好普通話的角度提出了一些朝陽人學說普通話的切實有效的途徑。但要想全面瞭解一個地區的方言特色，更重要的是要對其語言的歷史淵源述說清楚，並搞清不同的語言層次，才有助於對該方言有一個透徹的認識，從而助推該方言更好地為當地經濟社會的發展服務。

歷史語言學專家學者主張從語言學內部和外部兩個方面來觀察語言現象及發展史，關於朝陽方言的考察，能從漢語內部進行系統而全面地、有語料以資證明的明確的語言狀貌的歷史可以追溯到唐代。《舊唐書・良史傳・宋慶禮傳》記載：「初營州都督府置在柳城，控帶奚、契丹，則天時，都督趙文翽政理乖方，兩番反叛，攻陷州城，其後移於幽州東二百里漁陽城安置。」可見，自有唐以來，營州府地居民今河北地區各民族雜居相處，安祿山等均能「通六蕃語」（《新唐書・逆臣傳・安祿山傳》）、「通六蕃譯」（《新唐書・逆臣傳・史思明傳》），因此，丁治民（2006：16）「這樣勢必對河北地區人民的生活產生各種各樣的深淵影響，包括語言。」[三] 朝陽方言作為一個方言點，在語音、語彙、語法諸多方面並無太大差異，但在一些土語方面保留了一些古音特點，可以從現存的古籍中得到印證。

一、朝陽方言歷史勾勒

作為人類交際工具和思維工具的語言及方言自古就存在。《禮記・王制》說「五方之民，言語不通」。《說文解字敘》說「諸侯力政，不統於王」「言語異聲，文字異形」，並提出了「齊一殊言」（統一不同方言）的客觀要求。《康熙字典》序裏也說「鄉談豈但分南北，每郡相鄰便不同」，可見方言不是現代才有而是各自有著自己悠久的歷史，並在人類繼承和發展的歷史上漸變形成的。

古代漢語時期朝陽一直處於中國東北邊遠地區，在文學創作方面貢獻較少，基本沒有留存下來的韻文典籍，因此很難從語言學領域內部考察其語言體系。只能從一些訓詁纂集專著以及地方志中尋找絲屢線索，牽扯出朝陽方言的發展概況。

　　《爾雅》是世界上最早的一部語言詞典，成書於戰國末年，收錄 211 個方言詞，按照這些方言詞的地域分布，可以歸納出戰國時期的七個方言地域，其中燕朝方言區域之燕即戰國末年的燕國，朝即戰國末年的朝鮮，早在春秋時期承德歸北燕管轄，朝陽歸山戎統治，赤峰歸東胡統治，到戰國時期三地均屬燕管轄〔註1〕，從《爾雅》的方言分區來看，朝陽、承德和赤峰就因地理位置趨近而逐漸方言融合，戰國末年就歸納為統一的燕朝方言了。

　　西漢揚雄著作的我國第一部方言詞典《輶軒使者絕代語釋別國方言》，簡稱為《方言》，援引各地方言收集解釋了我國漢代的大量方言詞語，根據《方言》的徵引的地名，可以研究漢代方言的分區。羅常培、周祖謨《漢魏晉南北朝韻部演變研究》中把漢代朝陽方言歸入燕代、晉之北鄙、燕之北鄙方言區。

　　西漢時期朝陽即柳城，歸屬遼西郡管轄，相鄰地區承德、赤峰屬於右北平郡，朝陽的建平、凌源、喀左等地也屬於右北平郡。東晉初期朝陽、赤峰、承德三地均歸前燕管轄，而且赤峰與承德處於燕與代（內蒙中部與河北北部）交界地區。

　　近代漢語時期朝陽方言與北京官話處於一種雜糅混融的局面。林燾先生（1987：161～169）認為：「東北方言是一千年前在現代北京話的前身幽燕方言的基礎上發展起來的。發展過程中，仍舊不斷和北京話保持密切的接觸，並且曾兩次回歸北京：一次是十二世紀中葉女真統治者遷都燕京時，另一次是十七世紀中葉，清人騎兵進駐北京。這兩次語言回歸對北京官話區的形成和現代北京話的發展都起了很大的推動作用，兩種方言相互影響，日趨接近，形成了一個包括東北廣大地區和北京市在內的北京官話區。」[四] 在相互交融的過程中，朝陽方言逐步融入北京官話區，所以也就具備當時通語的特點。王力先生（1980：35）談到近代漢語的特點是：「全濁聲母在北方話裏消失；-m 尾韻在北方話裏消失；入聲在北方話裏消失等等」[五]

　　元代周德清的《中原音韻》是漢語語音史研究的一部重要著作。楊耐思先生（1981：69）談到：「《中原音韻》基本上代表了十三、十四世紀北方話口語語音系統，稱為探討普通話語音的形成和演變的重要資料，從《中原音韻》出發，可以瞭解現代北方話各個方言的語音演變的歷史概況。」[六] 在此基礎上，

〔註 1〕關於朝陽方言歷史區劃參照中科院院士譚其驤主編《中國歷史地圖集》，中國地圖出版社，1982～1988 年版，網址：http://lib.verycd.com/2005/05/19/0000051071.html

許多學者以唐以後文學典籍所記錄的語言為研究對象，考證出包括朝陽方言在內的北京地區語言狀況，典型的如丁治民先生（2006）《唐遼宋金北京地區韻部演變研究》。通過對燕京地區文人詩韻考證及與通語比較，該著作把唐至金元時期北京地區各種語言現象基本描寫清楚了。

現代漢語時期朝陽方言從宏觀上看仍然歸屬華北官話區或北方官話區。趙元任《中華民國新地圖》第五圖乙「語言區域圖」（申報館，上海，1934 年）把「朝陽方言」歸入「華北官話區」；中央研究院歷史語言研究所《中國分省新圖》第四版第 14 頁「語言區域圖」（申報館，上海，1939 年）把「朝陽方言」劃入「北方官話區」。

從微觀上看，朝陽方言所在的朝峰方言片隸屬於遼西方言，其特點與河北北部地區相似，都有 r 聲母，能區分 z，c，s 和 zh，ch，sh 聲母，朝陽方言陰平調與普通話調型一樣，但調值較低等等。與地理上毗鄰的遼東方言有一些差別，造成遼東與遼西方言這種差別的原因是與移民的歷史背景分不開的。游汝傑（2004：30）認為：「從 20 世紀初年開始大批漢人移入東北。他們以河北和山東人占絕大多數。河北北部與遼西緊接。河北人從陸路出關後先進入遼西再擴展到北部和其他地區。遼西是他們自古以來向東北腹地移民的大本營。闖關東的山東人主要來自青州府、登州府和萊州府。他們渡海登陸後先到遼東半島和遼河一帶，再擴散到遼寧省東部。這兩股移民的原居地的方言本來就不同。他們分別移居到不同的地區，其方言當然迥異。」[七]

二、朝陽方言語音存變現象考察

游汝傑（2004：155～156）認為：「語言是歷史的產物，任何一種方言都可以說是不同歷史時期產生的語言成分的累積。」「不同時代產生的語言成分可以並存於同一個時間層面上，即並存於現代的方言中，也就是說，不同時代產生的成分雜陳於現代方言之中，頗難分辨其中的不同層次及其產生的時代。」[八] 通過對朝陽方言零星的土語成分 [註 2] 考察，能大致推斷出朝陽方言中某些語音的歷史層次。

〔註 2〕朝陽方言保留古音的現象相對較少，只能進行零星考察，其原因正如王力先生在《漢語史稿》第 36 頁所言：「北方是漢語的策源地，北方的漢語無論在語音、語法、詞彙各方面都發展的最快。周德清《中原音韻》等書批評《切韻》系統為『吳音』，以為不是『中原舊韻』。實際上不是這樣，越是離開中原遠的，越能保存『中原舊韻』，而北方話倒反先發展一步，不能保存『中原舊韻』了。」

（一）上古音遺留

清代錢大昕在他的《十駕齋養新錄》中提出一條漢語聲母演變規律「古無輕唇音」，即上古時期的唇音聲母只有「幫」組「重唇音」聲母，沒有「非」組「輕唇音」聲母，就是只有雙唇音聲母「幫 [p]、滂 [p']、並 [b]、明 [m]」，沒有唇齒音聲母「非 [pf]、敷 [pf]、奉 [bv]、微 [v]」。唇齒音聲母是從雙唇音聲母演變出來的。例如「輩」讀雙唇音，說明標誌其讀音的聲旁「非」在古代讀雙唇音。元代「家居醫巫閭」的遼東丹王九世孫，蒙元初期中書令耶律楚材次子，義州弘政（今遼寧義縣，緊鄰朝陽）人耶律鑄在他的《雙溪醉隱集·天香亭賦》[九] 中記載「拂子黃撲鴉黃，拂子紅拂珠穗。」「撲、拂」對舉，可見二字同音替代，「撲」即「拂拭」義。《說文》：「祓，除惡祭也。徐鍇曰：『按：祓，之為言拂也』」，「之為言」是聲訓術語，同時標示了義源。段玉裁《說文解字注》云「撲，拂箸，今義也。」現在朝陽多數地區「清除灰塵」義用「撲嘞撲嘞 $pu^{35}l\gamma pu^{35}l\gamma$」或「撲嘞 $pu^{35}l\gamma$」來表達，即「祓除，拂除」之義。又如，「孵小雞」我們稱為「菢小雞」，「孵小雞的母雞」我們稱為「老菢子」。菢，《廣韻》薄報切，上古並紐幽部；孵，《廣韻》芳無切，上古滂紐幽部，說明中古敷聲母是從上古滂母分化出來的。

屈原《楚辭·涉江》「船容與而不進兮，淹回水而凝滯」，容與，徘徊不前的樣子；《後漢書·馮衍傳下》：「意斟愖而不澹兮，俟回風而容與」李賢注：「容與猶從容也」。容，《廣韻》余鋒切；與，《廣韻》余呂切，「容與」二字中古都屬於以聲母字，反推上古應屬於喻母四等字，屬於雙聲連綿詞。現代漢語朝陽方言中，有許多 r 聲母字與零聲母混讀的現象：

r 聲母字讀成零聲母字		零聲母字讀成 r 聲母字	
刀刃	普通話 ren^{42}	右手	普通話 iou^{42}
	朝陽 yin^{42}		朝陽 you^{42}
繞子 （用草擰成的繩子）	普通話 rao^{42}	爻一卦 （名詞動用現象）	普通話 yao^{35}
	朝陽 yao^{42}		朝陽 rao^{35}

（二）中古音存變

張惠英（2005：121）「喈 $k\varepsilon^{213}$，和陰平調『街皆階』白讀音同音。我們認為，這個近指詞『喈 $k\varepsilon^{213}$』，就是『個』的一種古老讀法，而陰平調則是用作

指示詞的一種變讀。」[一〇] 在現代朝陽方言中,「街」的白讀音為 kai⁵⁵,是中古音的留存。街,《廣韻》古諧切,其音韻地位為見 [k] 母,皆韻,蟹攝開口呼二等字。王力把「街」的中古音構擬為 kɛi,是為參證。我們「欠誰錢」可以說成「該誰錢」也是這個道理。

「入聲韻」指以清塞音-p,-t,-k 收尾的韻。宋代《廣韻》記載入聲 34 韻。元代周德清《中原音韻》把入聲字併入其他聲調。隨著元朝的崩潰明朝的興起,入聲又再度回到了明代官話中。明初《洪武正韻》記載了入聲 10 韻。平田昌司(2005:40)「《宋史樂志》、《金史樂志》、《元史禮樂志》《明史樂志》所錄朝廷樂章用韻已經受到當時通語語音演變的侵蝕,往往模糊了-p、-t、-k 的區別。八十韻本〈洪武正韻〉入聲韻尾的分合,或許是因為吳沉等人一定程度上意識到宋金元以來廟堂樂章的用韻,斟酌古今而定的結果」[一一]。滿清入關後把滿清官話定為國語,入聲在北方官話中就基本上消亡了。朝陽方言中入聲韻尾全部脫落了,作為音節內部區別特徵的補充,這些入聲字在方言中往往出現文白異讀。如:

例　字	文讀音	白讀音
客(陌韻)	khə⁵¹	tɕhiɛ²¹⁴
學(覺韻)	ɕue³⁵	ɕiau³⁵
嚼(藥韻)	tɕue³⁵	tɕiau³⁵

(三)語流音變

合音詞是典型的語流音變的產物,它是人們進行口語交際時兩個音節語音的自然合成,從而衍生出新詞。合音詞有的產生於古代,有的產生於近代和現代,有的產生於共同語,有的產生於方言。如古漢語中「不可」合音為「叵」,「蒺藜」合音為「茨」,《詩·鄘風·牆有茨》「牆有茨,不可埽也。」《注》蒺藜也。《爾雅·釋草》茨,蒺藜。

朝陽方言中合音詞較多,有一部分是與普通話一致的現象,如:不用——甭,你們——您,兩個——倆,三個——仨,等等。有一部分則是朝陽特有的現象,如:

這一 tʂə⁵¹ i⁵⁵ → 這 tʂei⁵¹　　　　怎麼 tsən²¹⁴mɤ → 咋 tsʌ²¹³

舅母 tɕiu⁵¹ mu²¹³ → 妗 tɕin⁵¹　　　叔母 ʃu⁵⁵ mu²¹³ → 嬸 ʃən²¹⁴

　　據此，朝陽方言的「嘎哈（幹什物——幹什麼——幹啥——嘎哈）、那儔兒（期間）」等就好解釋了，這些詞是在合音的基礎上本著同化的原則進一步語流音變的結果。而瞭解朝陽方言時，一些合於古分於今的「分音詞」如「哄——糊弄；孔——窟窿」也就迎刃而解了。

參考文獻

〔一〕王力：《漢語史稿》〔M〕，中華書局，1980 年版。

〔二〕林燾：《北京官話區的劃分》〔J〕，《方言》1987 年第 3 期。

〔三〕丁治民：《唐遼宋金北京地區韻部演變研究》〔M〕，黃山書社，2006 年版。

〔四〕林燾：《北京官話溯源》〔J〕，《中國語文》1987 年第 3 期。

〔五〕王力：《漢語史稿》〔M〕，中華書局，1980 年版。

〔六〕楊耐思：《中原音韻音系》〔M〕，中國社會科學出版社，1981 年版。

〔七〕游汝傑：《漢語方言學教程》〔M〕，上海教育出版社，2004 年版。

〔八〕游汝傑：《漢語方言學教程》〔M〕，上海教育出版社，2004 年版。

〔九〕元·耶律鑄：《雙溪醉隱集》〔M〕，清·王國維箋注本。

〔一〇〕張惠英：《語言現象的觀察與思考》〔M〕，民族出版社，2005 年版。

〔一一〕〔日〕平田昌司：《胡藍黨案、靖難之變與〈洪武正韻〉》〔J〕，載於《南大語言學》（第二編）〔M〕，商務印書館，2005 年版。

下編　《五峰集》詩文用韻研究

第一章　緒　論

第一節　研究現狀與研究意義

　　詩文用韻是漢語語音史研究的重要材料之一，詩文韻系的考察一直是研究漢語語音史的重要方法之一，即通過韻腳字的系聯來歸納詩歌及其他韻文的用韻情況，分析韻類分合的各種表現，從而挖掘出詩文押韻的語音內涵。周祖謨先生（1942）：「語音隨時轉移，迭有更變，文人抒寫情性，發為歌詠，無庸與韻書盡合，故研究唐宋兩代語音，不可只談韻書而忽視實際語言材料。」〔一〕自宋代吳棫開始把古代韻文歸納出 9 部以來，明清學者繼履前修，絲牽繩引，大致廓清了上古韻部的基本情形。肇始於上個世紀 30 年代，于安瀾《漢魏六朝韻譜》、王力《南北朝詩人用韻考》、羅常培《漢魏晉南北朝韻部演變研究》、李榮《隋韻譜》等系統地利用詩文用韻材料研究《切韻》以前的語音史，成績斐然，把漢語語音史的研究推向了一個高峰。

　　關於詩詞鼎盛時代唐宋時期的詩韻研究，作出較大貢獻的有：鮑明煒《唐代詩文韻部研究》（初唐卷）、周祖謨《宋代汴洛語音考》開啟了中古詩韻研究的新篇章。此外，唐作藩先生指導北京大學學生對唐詩用韻進行系統考察，基本上把《全唐詩》中作品較多的詩人用韻都作了清理；尉遲治平先生將全部唐詩用韻都進行了信息化處理，建立了語料庫，並與其學生一起發表了《中唐詩韻系略說》、《盛唐詩韻系略說》、《晚唐詩韻系略說》等系列論文。二十世紀四十年代周祖謨《宋代汴洛語音考》發表後，其後幾十年卻應者寥寥。魯國堯先生從二十世紀六十年代起研究宋詞用韻，得出了宋詞用韻 18 部的詞韻系統。

其後指導一批年輕學人,轉向宋詩以及金元詩詞曲及其他材料的詩韻研究,為方音史的研究開闢出一片新的領地。

圍繞《切韻》係韻書,不少學者已經對唐以至明清的通語語音作了細緻的描述和探討。元代周德清《中原音韻》以及許多學者對元曲用韻情況的考察,北方音的語音演變歷史已初顯輪廓。而與之相對比,南方方音的研究略顯薄弱,在語音史的研究方面,不少學者已把研究領域轉向至漢語方音史這一沃土上,如劉曉南教授以宋代閩籍文士的用韻為考察對象研究宋代的閩音,其以《宋代閩音考》將閩音歷史推至八百多年前的宋代,獲得學術界的高度讚譽。其後杜愛英教授考察宋代江西詩韻研究贛語,顧黔教授以《通泰方言音韻研究》研究通泰方音史。另有區域性詩韻研究如張令吾《宋代江浙詩人用韻研究》等等。可以說,方音史的研究呈現出蓬勃發展的良好勢頭,溫州尤其是樂清方言音韻的研究卻相對滯後。

漢語語音史的研究雖已有了上古,中古乃至近代較為明確的歷時性認識,但在語音發展演變的鏈條中,每一環節都是不可或缺的。只有把不同時代,不同地域的韻部演變情況羅列出來,才有可能對整個漢語語音史的發展脈絡作詳盡而又客觀的構建。在這個過程中,傳世文獻尤其是詩韻研究有著不可替代的重要作用。同時,研究詩文用韻既能反窺通語韻部的歷時演變,也能透露出一些方音現象。我們從為語音史研究提供材料的角度出發,考察元代樂清有代表性的詩人李孝光詩文用韻情況,應該是具有較強理論和實踐意義的。

溫州的歷史較為悠久。溫州古為甌越地,也稱東甌。東晉太寧元年(138)分臨海郡溫嶠以南置永嘉郡,此為溫州建郡之始。但溫州地處海隅,文化一直相對落後,至五代之後才較為昌明。宋代及以後各個朝代也就有了大量的文獻。時至現代,關於溫州方言的研究主要集中在共時平面上,歷時語音史的研究略有欠缺。魯國堯先生(1998):「研究方言史,主要依據文獻,要精確地斷代,更非得依靠文獻,捨此別無他路」[二]。溫州在宋代以後一直是個人文薈萃、人才輩出的地方,歷代先賢辛勤的創作則是留給後人的豐富的文化遺產,他們的創作特別是韻文則為研究甌語史提供了客觀條件。溫州方音史的研究可以借助於其他方言的研究方法,從考察各個斷代的有代表性的詩人的詩文用韻情況出發,挖掘其韻例和特殊韻字的使用,會有助於描寫各個斷代的方音特點,從而能夠看清該地區語音的來龍去脈。

詩韻研究同樣有助於方音考察,科舉考試中應制詩用韻要求嚴格,但日常

宴飲、酬贈和答時，文士們則在基本依據禮部韻進行詩文創作的基礎上，或多或少不再拘泥於官韻束縛，採用當時的實際語音入韻，只要聲音和諧即可。劉曉南（1999）：「場屋之中要依從口語而通押，須經官家批准；而『閒賦』之詩文，無須通過這道手續，不必一一以禮韻為較，只須讀著『諧叶』即可。其所依據必然是實際語音。」[三]「宋人崇信古人，熱愛家鄉，以至老大鄉音無改，所以並不反對以方言入韻。從宋詞用韻來看，無論北之山東，西之四川，南之江西、浙江、福建無一不是通語 18 部韻系，但又出現少量方言韻例。詩文用韻亦準於此。」[四] 可見，宋人就已經非常重視在官韻之外進行方音突破，詩人很難擺脫自小伴隨自己的家鄉方音的束縛，吟詩作賦時經常出現唇齒間滑落方音而偶然失察的情形。李孝光年近花甲時才遠至京師做過兩任官職，平生大部分時間是在家鄉樂清度過的（詳見下文），因此其詩文用韻中有不少「有意用方音入韻」或者是「唇齒間不經意」地利用方音入韻的現象。同時，李孝光還曾與楊維楨等共同倡導浙派古樂府運動，因此，其詩文創作也有一些仿古之作，總之，分析詩人用韻情況，會有助於我們對當時語音的發展演變進行考察。

　　關於元代溫州詩人用韻研究，至今並未見系統的考證。劉廣和《明代劉基詩韻考》關於溫州文成地區的方音研究已發表，而元代溫州樂清地區的詩人用韻考察目前還沒有人作。李孝光的詩文集已於 2005 年由陳增傑先生校正過，對其用韻情況還沒有系統整理。我們遵循魯國堯先生（2003）倡導的「二重證據法」，即以傳世文獻與現代方言相互發明，將「歷史文獻考證法」與「歷史比較法」相結合的方法 [五]。用材料說話，重文獻語言事實，通過對李孝光詩文用韻進行全面考證，探討李孝光的詩文用韻體系，並解釋部分方音與古音的關係，在為音韻研究提供材料的基礎上，希望有助於甌語方音史的研究。同時，希望能對 13、14 世紀漢語語音史的勾勒做出點滴貢獻。

第二節　李孝光及其作品簡介

　　李孝光 [註1]，初名同祖，字季和，號五峰，元溫州路樂清縣瀋村（今浙江樂清市大荊鎮雁東鄉田嶴村）人。生於元世祖至元二十二年（1285），卒於

────────────────────

〔註 1〕關於李孝光的生平簡介請參閱陳增傑先生的《李孝光集校注》上海社會科學院
　　　　出版社 2005 年版。

元順帝至正十年（1350），享年六十六。他從小就生長在一個世代隱處耕讀，文化氛圍濃厚的士農家庭，飽覽《論語》、《詩經》等古文辭。青年時期築室讀書於家鄉五峰山雲霞洞，因以五峰自號。（五峰即大山峰、小山峰、天馬峰、天雞峰、仙凌峰）。壯歲愛好尋幽訪勝，凌天台，探禹穴，濟錢塘，覽西湖、姑蘇、維揚、金陵、淮南諸景，足跡遍及匡廬、少室、泰岱、恒嶽，在建康（南京）寓居幾年。中年之後，同江南諸道行御史臺官員頗有交情，經常吟詠和答，賦詩論韻，在家鄉度過了自己文學創作上收穫頗豐的時期。順帝至正三年（1343 年）十二月，李孝光終於獲得朝廷召聘，次年四月至京師，順帝御明仁殿召見，授官秘書監著作郎（從六品）。至正七年（1347），順帝御宣文閣，與語宋儒性理，李孝光進《太極圖說》（《元史》本傳謂進《孝經圖說》）。帝悅，升任秘書監監丞（從五品）。至正十年（1350）十月，病故於南歸的途中通州（今北京市通縣）。

　　李孝光生平主要以詩文知名於世，與楊維楨等共同倡導浙派古樂府運動，蔣易《元風雅》卷二三李五峰詩後附言：「《叶韻》近代用之者鮮，獨於五峰屢見之。如前詩『生』與『央』叶，『舟、瑕、臺、芽』並與『壺』叶，『東』與『翔』叶，『邱、沙、淮、志、求』並與『思』叶，『魚、駒』並與『游』叶，渢渢乎《騷》《選》之遺音。」張雨的《鐵崖先生古樂府敘》亦謂李、楊樂府「善用吳才老韻書，以古語駕御之」。

　　據陳增傑（2016）考證：李孝光的詩文，生前已見結集。元陳德永《元徵授著作郎升秘書監丞致仕五峰李公行狀》（以下簡稱《行狀》）：「其《北樓》《雲門》等集，京師人欽誦之。」同時人郭翼有《和讀李五峰集》詩。《元史‧儒學傳二‧李孝光》云「有文集二十卷」，《永樂樂清縣志》卷七《藝文‧李孝光》云「有文集十二卷」，《弘治溫州府志》卷十八、《千頃堂書目》卷二九、《雍正浙江通志》卷二四八著錄均作二十卷。但這個二十卷本或十二卷本的《五峰集》，至明代中葉即已散佚。明弘治十七年（1504），錢杲范任樂清縣令，搜求五峰遺稿，得儒生周綸所獻藏本，遂命編次，繡梓刊行。錢杲弘治編刻本《李五峰集》（以下簡稱錢本），為文詩合集，不分卷，詩以各體分編。這是我們所知流傳後世的李孝光詩文的最初刻本。但錢刻本今亦亡佚，無得睹覽。臺北中央圖書館藏有明弘治年鈔本《李五峰集》四冊（以下簡稱弘本）。此鈔本扉頁有清王芑孫致錢大昕（竹汀）便函，云：「承假《五峰集》校敝藏，多所是正。」同頁貼片署：「《元李五峰先生集》，舊本密冊。明弘治年鈔本，項聖謨所藏，

康熙癸卯夏重裝，別集類。」此鈔本不分卷，先文後詩，文起首標「李五峰文集」，詩以詩體編排，各體起首標「李五峰集」。弘本（錢本）共收錄文 13 首、詩 623 首。其中七言絕句《自壽》，即同題七言近體之前四句，《題菊》即同卷《題蘭》，皆屬一詩兩收，重出當刪，故實計收詩 621 首。從現今能夠找到的李孝光集傳本來說，弘本比較完整地保存了錢本的原貌，因而最具版本和資料價值。

　　現今流行的《五峰集》兩種刊本，即乾隆四十六年（1781 年）校錄的《文淵閣四庫全書・五峰集》（以下簡稱庫本）和民國四年（1915 年）校刊的冒廣生《永嘉詩人祠堂叢刻・五峰集》（以下簡稱冒本），皆出自錢本。《四庫全書總目》卷一六七《五峰集》提要稱：「六卷，編修汪如藻家藏本。」今所見文淵閣《四庫全書》集部別集類元李孝光《五峰集》則作十卷，係據錢本編錄，提要云「今依次分為十卷」，其序次為：文、古樂府、四言、五絕、五古、五律、六絕五排、七絕、七古、七律。收錄文 13 首、詩 622 首（卷八已刪除易題重出七絕《題菊》，故較錢本少 1 首），除去同題重出七絕《自壽》，實收詩 621 首。冒本係據瑞安孫氏遜學齋藏傳錄錢本校刻。冒廣生《五峰集跋》云：「此為瑞安孫氏遜學齋舊鈔，即錢杲本也。原書不分卷，今分各體為十卷。」

　　其次，除流傳的錢本系統外，今見《五峰集》還有一個不同尋常的獨特版本。《中國古籍善本書目》集部卷二五《元別集類》載：「《李五峰先生集》六卷，元李孝光撰，明抄本。」山東省圖書館藏明抄本《李五峰集》（以下簡稱明本），為詩、詞、文合編，凡六卷。先詩、詞後文，卷一至卷五題《李五峰詩集》，卷六題《李五峰集》。各卷下署「元秘書監監丞李孝光季和」。

　　清曹溶（秋岳）還有一個緝鈔本《五峰集》（以下簡稱曹本）。據清初顧嗣立《元詩選二集》戊集《五峰集・送閣學士赴上都》詩後按語：「按《五峰集》向來失傳，僅得曹侍郎秋岳編緝抄本。癸未春，朱檢討竹垞從樂清搜得弘治甲子樂清令懷遠錢杲慎齋所刊本，合之允稱大備。」顧嗣立選錄李詩 357 首，其中取自錢本 292 首，取自曹本 65 首（原 66 首，除去重出七絕《喜聞開經筵口號》）。可見，曹本《五峰集》別有來源，內容與錢本不完全同。只是此本不知今存否，未能得睹全貌。

　　陳增傑先生釐清了《五峰集》的版本源流，李孝光的詩文創作進行整理和研究，出版了《李孝光集校注》一書。我們研究時主要依據由陳增傑先生校注，

上海社會科學院出版的「溫州文獻叢書」之《李孝光集校注》，詩 702 首，詞 22 首，押韻的文段 3 篇，總計 727 首（篇）詩歌韻文作品，850 個韻段進行整理，並參考四庫本《五峰集》十卷，對一些韻腳字採用音訓的方法校正後，再進行音系討論。

李孝光的詩文用韻，擬古創新，用古調寫新辭，多為即興命篇。尤其是其樂府詩（包括騷體以及部分古體歌行）的創作，以古音叶韻，運用《詩經》《離騷》的韻字，意在擺脫時調，自由抒寫，尋求別樣的韻味。朱彝尊《靜志居詩話》卷二「劉基」條云：「樂府辭，自唐以前，詩人多擬之，至宋而掃除殆盡。元季楊廉夫，李季和（孝光）輩，交相唱答，然多構新題為古體。」平田昌司（2005）曾列圖譜說明宋元明江南道學學系和《洪武正韻》的編纂過程，指出李孝光是參加八十韻本《洪武正韻》編纂者朱芾的業師——楊維楨的詩友 [六]，則八十韻本《洪武正韻》記載的一些韻類的分合一定或多或少地反映了浙南方音的某些特色，同時也說明李孝光不僅對古韻，而且對於宋元官韻的韻部分合諳熟於胸，其詩歌創作必然透露出一些仿古用韻和通語現象。

「李楊」齊名，人們多注重李孝光的樂府古體，其實他的近體律絕也很有成就，顧嗣立《元詩選》選錄五峰五七言律 112 首，意猶未足，復舉摘十數聯附後，稱「皆極新警之句」。胡應麟《詩藪》外編卷六謂其「近體多澀拗」，非為允論。從詩韻角度考察，其近體詩多符合元代官韻功令，所謂的「借出韻例」也與方音現象吻合，反映出了元代樂清以至溫州地區實際語音的某些特點。四庫館臣在《五峰集》提要中稱「近體五言，疏秀有唐調；七言頗出入江西派中，而俊偉之氣自不可遏。」能夠說出一些特點。

元明以來，李孝光的詩文得到了較高的評價。陳德永《李五峰行狀》言：「為文高古，有西漢風。詩篇軼蕩奇怪，端倪莫測，而不失矩度。」楊維楨《鹿皮子文集序》舉為元文四大家（姚燧、虞集、吳成、李孝光）。貝瓊《乾坤清氣序》稱「五峰、鐵崖二公繼作，瑰詭奇絕，視有唐為無愧。」《四庫全書總目‧五峰集》提要說：「元詩綺靡者多，孝光獨風骨遒上，力欲排突古人。樂府古體，皆刻意奮厲，不作庸音。」清初顧嗣立《元詩選》二集錄五峰詩多達 357 首，足見看重。對於這樣一位詩人的詩韻進行整理，定能裨益於漢語語音史的勾勒和構建。

第三節 操作程序和分析原則

本書的研究屬於漢語語音史的研究範疇，所選取的材料富有典型性，且前人在語音方面沒有進行過具體研究。所以，我們嚴格遵守科學研究的操作規範，仔細辨識韻字，反覆推敲，準確區分韻段，正確羅列韻譜，這些是我們立論的基礎。系統整理《李孝光集》中押韻詩文的韻譜，細心比勘，通過與元代通語以及現代樂清方言研究資料的比照，在全面把握語音發展和研究現狀的前提下，分清通語和方音層次，爭取為漢語語音史的研究提供更多有參考和借鑒價值的材料。

分析原則：

1. 嚴格區分古體詩與近體詩。我們是以元代樂清詩人李孝光的詩韻作為研究對象，其古體詩用韻蘊藏著許多方音信息，用韻相對自由，反映了溫州方言複雜的局面。其近體詩用韻雖受官韻影響，但也有一些借韻和出韻的現象，部分地反映出當時樂清方言的實際語音狀況。

2. 注重運用共時和歷時相結合的方法，進行方音史的研究。共時方面應結合元代其他方言區詩韻的研究現狀，進行比較分析，看具體的語言現象究竟是當時整個甌語的普遍現象還是樂清特有的情況，還要同元代通語進行比較，從整體上把握元代語音的狀況。歷時方面參看元代前後尤其是宋代和明代溫州方音和鄰近地區方音以及通語語音的研究，同時參考活的語言——現代樂清方言的調查，並比照與李孝光所生活年代較近的一些瑣談類文獻，如明代姜準的《岐海瑣談》卷八中所列的關於當時方音口語的記載，考察其韻部通押究竟是官韻音系特點還是詩人以當地方音入韻的現象。

3. 在確定韻部分合時，我們依據中古詩韻研究經常採用的算術統計法原則。羅常培在《切韻魚虞之音值及其所據方音考》中認為當獨用的比例達到95%或更高時，必可分韻；周祖謨認為十個例子中有七個符合的作為正例，三個是例外，即70%獨用分部；張世祿在《杜甫與詩韻》一文中採用了「一九開」的標準，合用超過10%則分部等，可見實際上各家所採用的標準未必統一〔七〕。由於我們考察的是李孝光一個人的詩韻研究，因此部類分合的標準定為10%，有時同用例雖接近10%，但無獨用或獨用例非常少，我們也合為一部進行討論。

4. 在窮盡詩歌韻例，歸納韻部時，我們對各韻同用獨用數量進行統計分析時，採用以平賅上去的做法，列表分析，這樣會形象直觀，同時避免因不同

聲調相押而導致數據統計帶來的不便。

5. 李孝光詩韻中經常出現比較特殊的入韻的單字，它們大多與韻書記載不一致，反映了單字讀音的變化或詩人方音的流露，雖分布零散，不成條例，但參證其他文獻，旁及元代通語，下探現代方音，音變的線索大致可以尋覓。其中一些比較罕見的特殊韻字入韻，可以印證特殊的異讀現象。同時，我們使用的底本雖然是校注本，但仍然可以據音校勘。總之，它們都是語音史應加以重視的材料。

6. 甌語方言分區依據顏逸明先生《浙南甌語》中的分法，溫州市區（包括鹿城、龍灣、甌海）和永嘉縣是純甌語區，瑞安市和文成縣基本上屬甌語區，樂清縣和平陽縣是半甌語區：樂清縣清江以南的海積平原是甌語區，清江以北的大荊話和溫嶺話接近，屬於吳語台州片 [八]。在與現代甌語進行比照時，我們主要採錄溫州市區話，永嘉話，瑞安話和樂清話的方音讀法，反觀李孝光詩韻所反映出的韻類分合規律及特點。

第二章　韻　例

　　清江永在《古韻標準》中說：「韻本無例，詩用韻變動不居，眾體不同，則例生焉。不明體例將有誤讀者，故先舉此以發其凡，自是而古韻可求，其非韻者亦不致強叶誤讀矣。」[九] 慎修先生所言極是。本章依據「體例明則韻讀明」的原則，比照李孝光詩文的具體用韻情況，將其押韻體例羅列如下。

第一節　基本用韻體例

一、韻文段落的標識

　　李孝光無通篇押韻的文用例，通覽其文，發現有押韻段落計三段，分別在《洞神宮青溪堂記》中，第 51 頁第 5 段段首有「其詞曰」，標誌本段入韻；《崑山州重修學宮記》，其中第 58 頁第 1 段，其上段段尾出現「辭曰」的下段入韻的標誌語；《送瞿慧夫上青龍鎮學官詩序》，第 70 頁第 3 段即為李孝光之和詩，以其下段文字為識「余客遊婁縣，與瞿、郭、盧、呂諸君，日相從為嬉遊。登山臨水，飲酒賦詩，五六人者無不與。將去婁，又和此詩。」本詩雖為和詩，文中所列諸君瞿智、郭翼、盧昭、呂誠，據陳增傑先生考證，除瞿智未考外，其餘三人均為李孝光同時代吳地人 [一○]，所以我們認為本詩仍代表李孝光的詩韻體系。

二、偶句韻

　　這是近體詩和律賦的固定押韻格式。李孝光古體詩和文韻中，也多以此作為基本的押韻格式。文如《送瞿慧夫上青龍鎮學官詩序》的和詩通篇符合七言律詩之功令，首句入韻。「解道詩成泣鬼神，錦袍未負謫仙人。隨時俯仰何奇

士，值世承平只幸民。醉臥惟余青眼在，交遊莫擬白頭新。客來異縣亦近耳，得此斯文肺腑親。」七言古詩《秋曉角》「八月九月驚風沙，窮邊夜夜吹〈梅花〉。四方無事臥旌鼓，行子何用思還家。」

值得注意的還有在部分古體詩和詞中，與偶句相對應的奇句有兩個小句，則這種偶句韻實際上應稱作「間二句韻」。如詞《鵲橋仙‧為邱梅邊賦》第一闋「山蟠屋上，水蟠屋下，個裏花香竹秀。天翁老去更多情，遣青女，幻無為有。」

我們在注意偶句末字為入韻字之外，重點關注一篇詩文押了兩個以上詩韻韻部時，是通押合韻還是換韻現象。如古樂府騷《春草謠為華彥清作》前三韻：

> 春草何離離，春日何遲遲。
> 萬物沐膏澤，百草獨光輝。
> 光輝被下土，天公本無私。

「遲、私」為《廣韻》脂韻字，「輝」為微韻字，《廣韻》規定不能同用，但「輝」字雜於兩個脂韻字之間，符合江永「交錯韻」規則[一]，必與脂韻通押。首句末字「離」為支韻字，《廣韻》規定支脂之同用，故該三韻為支脂微通押。

特殊情況如詞《水調歌頭‧代干彥政送張公弼》，全詞共 8 韻，韻字排列「歌多沱琶花攄涯車」，8 字自然分成兩組，即「aaabbbbb」式，看似換韻，但依《水調歌頭》曲調，第一個「b」為上闋末字，再加之李孝光所有詩韻中，歌戈部與家麻部通押有 4 例，且七言古詩《與朱希顏會玉山人書其壁》叶「蛙蛇霞家車啞茶攄花波嗟多何」，其中後四個韻字「嗟」落入歌戈韻的「波多何」之間，則按著劉曉南（1999）「間雜相押」[一二] 的原則判斷，應該看作通押韻例。

三、連句韻

連句韻中往往中途換韻，如古樂府《一車南‧送孔博士》「一車南，一車北，山川悠遠無消息。野風吹草朝日黃，羈旅獨憎浠俗涼。男兒生身高七尺，何可相思損顏色。西市日日買鯉魚，魚中會有爾寄書。」分別押「北息」、「黃涼」、「尺色」、「魚書」分別押韻。

當然也不乏一韻到底的例子，古樂府騷體詩《沂有梁》：

> 沂有梁兮維鯉維魴，
> 沂之兩厓兮有棗樹桑。

　　　　居沂之人兮寬裕而善良。

　　　　古之人古之人兮翱翔。

　　　　予其歸老兮沂之南陽。

　　該詩每一句的末字均入韻，符合《廣韻》規定的「陽唐」同用規則。一韻
到底的韻式起源於柏梁體，多見於古體詩。

四、奇句韻

　　相對於偶句韻而言，奇句就是指律詩裏的出句。詩文用韻中，奇句末尾字
不必須入韻，但也有一些非正常的詩句中，奇句尾字是入韻的，也能反映出一
些當時的實際語音現象。

（一）借韻

　　錢大昕《十駕齋養新錄》卷十六「借韻」條云：「五七言近體第一句借用
旁韻，謂之借韻」；王力《漢語詩律學》「近體詩不得通韻，僅首句可用鄰韻」；
[一三] 魯國堯先生（2004）：「近體詩首句可押韻，也可不押，如首句押鄰韻，
即為借韻」[一四]。劉曉南（1999）：「考察近體詩首句末字是否入韻，可以從聲
律上看是否平聲，首句末字為平聲且讀平聲亦符合全詩聲譜，則可斷定該字入
韻。」[一五] 如七言絕句《農事》：

　　　　落日蜻蜓處處飛，

　　　　槿花門巷豆花籬。

　　　　行逢野老問農事，

　　　　稻雨濕衣香未知。

　　全詩即押「四支」而借「五微」韻（根據王文郁《新刊韻略》的平聲韻韻
目），詩人們既要恪守功令，又要反映實際語音的變化，只能在首句末字上下
工夫，尋找突破口。

（二）規則換韻

　　王力（1989）「在轉韻的古風裏，每轉一韻，第一韻總以入韻為原則。」
[一六]「七古轉韻第一句的入韻幾乎是必要的。」[一七] 李孝光古樂府騷體詩共
45 首，其中有 13 首類似於宋人有規則換韻的古風。但不像宋體詩「轉韻十二
神」[註1] 那樣嚴格規則，而是表現出一定的詩人自我風格，換韻次數多寡不

〔註 1〕詳請參閱劉曉南《宋代閩音考》1999 年版第 47 頁關於「十二神」的論述。

一，多為七言，也有五言、雜言，幾乎未見於四言。依據古樂府騷體詩中的規則換韻原則，我們可以判斷換韻過程中的一些奇句中的首字必入韻。如古樂府騷《雲之陽送人之兄代之》114，韻字為：

行翔囊航／母手○取／雁喚餘潤／榮情○迎

全詩共四次換韻，每換一韻，其首句末字均入韻，則第一韻段為陽唐同用，第二韻段為尤侯部與魚模部通押，第三韻段為寒仙同用，雖不符合《廣韻》同用規則，但由此詩可以斷定寒仙合為一部，當然李孝光詩韻中其他方面的論據不在少數。第四韻段為庚清同用。

（三）畸零句韻

所謂畸零句，即王力先生所說的「因為它們前面一聯的出句不入韻，才顯得它是畸零。」[一八] 畸零句緊挨一聯末，所以屬於奇句，根據定義，畸零句必入韻。如古樂府騷《釣魚》115：

上山而嘯兮下而釣魚，豈如他人兮唯富貴之求。

三公執柄兮念子之多才，將子歸輔兮誰縈駒，

功成而歸兮來從余遊。

「才」字不入韻，則畸零句末字「遊」入韻，此詩為魚模部與尤侯部通押。

（四）獨立句韻

王力（1989）：「如果它前一聯兩句都入韻則該句應當是獨立句」[一九]，獨立句亦屬於奇句，其尾字也應入韻。

如古樂府《吳趨曲·送薩天錫》82：

四座並清聽，
有客歌《狹邪》。

《狹邪》不可聽，
我為爾歌《吳趨》。
美人珠極貂渚於，
美人寶釵有五雛，
美人投我明月珠。

其中「美人珠極貂渚於」為畸零句，「美人投我明月珠」為獨立句，二句均入韻，韻腳分別為「邪趨於雛珠」。押類似韻例的詩篇有《東山》、《有樊》、《瓶有梅》、《白翎雀》等等。

第二節 特殊用韻體例

一、包圍韻與分應韻

包圍韻即一個較長的韻段中間插入一個或兩個較小的韻段，韻式為 aaaabba 式或 aaaabca 式。如古樂府騷《蕭蕭饑馬鳴》94～95 叶「○月／○別／○發○發／○雪○轍○折○哲○潔」，其中「別雪轍折哲」為薛韻字，「潔」為屑韻字，《廣韻》規定「薛屑同用」，小韻段「發發（月韻字）」落入「薛屑韻字」中間，符合「aaaabba」格式，即為「包圍韻例」，則第二句末尾的「月」字必然入韻。再如七言古體《與叔夏遊石門，叔夏有「很石忽中斷，勢若兩虎鬥」之句，余輒足之》241 叶「○鬥○救／○眛○僕／○湊○右○有」，即在尤侯部中嵌入 1 個魚模部韻字和 1 個沃韻字，則視具體情況，因李孝光詩韻中 10 例魚模部與尤侯部通押的現象，所以我們定為互押例。

分應韻即奇句與奇句相押，偶句與偶句相押；或者奇韻段與奇韻段相押，偶韻段與偶韻段相押。如文《洞神宮青溪堂記》「眈眈神樓，自鍾陵徙，青溪之崎，江令之裏。」其「一三句」、「二四句」分別押韻。我們的處理方法是將其歸納為一個韻段，屬於四聲通押例。古樂府《白翎雀》第三韻段「雲信麟」應第一韻段「君心淪人臣麟」；第四韻段「舞雨脯語」應第二韻段「哺輔」，我們的處理方法是離析為四個韻段，分別討論。

二、四聲通韻和類推入韻

溫州方音涉及平上去入各分陰陽，凡八個聲調。所以李孝光詩文中有不少依方音而出現不同聲調通押的現象，我們透過四聲通押的詩韻用例，可以反窺溫州音尤其是樂清方音聲調的近似值。

多韻段詩文出句是否入韻，多有其一致性，或均入韻，或均不入韻。我們可以採用類推法辨別其是否入韻。如《歙硯歌》第四韻段為陽唐部，因前三韻段均為首句入韻，第三句不入韻；則其第三句末尾字「芒」亦不入韻，只是「堂章鄉」相叶。再如七言古詩《送詎上人出五臺而歸吳下，為予政訊天如禪伯》258 叶「彎岏○盤○蟠‖夜駕○怕○咤‖林心○陰○岑‖迅訊○仞○印」四個韻段，每個韻段均是首句入韻，然後押偶句韻。

第三章　韻譜和押韻部類

　　在對李孝光詩文資料進行整理的基礎上，本章分三部分歸納說明，第一部分分攝羅列韻譜，第二部分列表分析押韻部類。第三部分則運用算術統計法說明歸部依據，並對特殊韻字入韻進行考證和解釋。

　　韻譜排列材料以部為綱，依部分節。每節分古體詩部分和近體詩部分兩大類。每節分二模塊，第一模塊是「某攝韻字」，分韻排列本攝用為韻腳的字。第二模塊是「某攝韻譜」，分古體詩和近體詩兩部分羅列所有材料，同時羅列說明本攝的字以及本攝字和別攝字通押的情況。

　　第一模塊韻字依《廣韻》排列，先分部，再分韻。相承四聲謂之一部，舉平以賅上去入。同韻的字如有開合口之分，等之分，也都標明。為方便起見，分開口、合口以及分等都根據中國社會科學院《方言調查字表》。同韻母的字以聲母為序，聲母次第也根據《方言調查字表》，用頓號、單豎線和雙豎線隔開。

　　第二模塊韻譜分成兩大部分（古體詩和近體詩）羅列。李孝光入韻的作品有詩、詞、押韻的散文段落、以及多人聯句，詩又有古體和近體之別。從李孝光用韻行為來看，其近體詩及聯句基本上與《廣韻》獨用、同用規定相同，排律則與聯句相似，所以我們把近體詩（包括：五言律詩、七言律詩、五言絕句、六言絕句、七言絕句、排律、聯句）放在一起歸納韻部，而把古體詩和文（包括：文、古樂府、騷體詩、四言古詩、五言古體、七言古詩、詞）放在一起歸納韻部。

　　通過系聯韻腳，歸納韻部，討論韻字，考查李孝光詩文用韻的具體情況，將其古體詩用韻系統歸納為 18 部：陰聲 7 部：歌戈、家麻、魚模、咍皆、齊支、蕭豪、尤侯；陽聲 7 部：覃談、侵尋、真文、寒先、江陽、庚蒸、東鍾；入聲 4 部：德緝、月帖、屋燭、藥覺。近體詩歸納為 23 部：陰聲 9 部：歌戈、

家麻、魚模、咍灰、皆佳、支微、齊西、蕭豪、尤侯；陽聲 11 部：覃談、鹽嚴、侵尋、真諄、文雲、元魂、寒先、陽唐、江雙、庚蒸、東鍾；入聲 3 部：葉帖、屋谷、燭玉。

　　緊隨韻譜之後，我們討論李孝光詩文用韻 18（近體詩 23）部系統的分部依據及詳細押韻情形。為了提供近體詩、古體詩和文之間的用韻差異情況，我們在統計各部的押韻數據時，將其分開計算，具體情況見合韻性質的探討。每部表下先討論一些不常見的特殊韻字，抑或簡單說明一下本部用韻的具體情況。引例列舉以下信息：體裁、篇名（標題過長者則酌取前後數字）、頁碼、相叶的韻腳字，原句。

第一節　陰聲各部

一、歌戈部

（一）韻字

　　平聲歌韻——多、他、沱馱佗柁酡跎｜儺那、羅囉蘿籮饠｜磋、娑｜｜歌柯、珂軻、哦鵝蛾俄峨娥莪｜呵、何荷河｜屙

　　平聲戈韻——波皤、坡頗、婆、磨魔摩｜｜螺｜｜梭蓑唆｜｜戈過、科、訛吪銅｜靴、禾和｜窩渦

（二）韻譜

　　先羅列每部內部獨用同用情況，按平聲、上聲、去聲、平上去通押順序排列；然後羅列本部與其他部同用的情形，也按平聲、上聲、去聲、平上去通押的順序排列。下同。

　　A. 古體詩、文

　　1. 歌韻獨用

　　五言古體《達蕭仲威御史歸葬事》138 叶「何河」

　　2. 歌、戈同用

　　五言古體《雜詩其五》141 叶「何歌磨跎他羅」

　　3. 歌、支同用

　　古樂府騷《魯氏怡雲堂》101 叶「沱何儀他歌」

4. 歌、戈同用

七言古詩《送陳君禮之婺女兼寄徐仲禮》251 叶「舞歌多何」

5. 歌、戈、麻同用

七言古詩《次三衢守馬昂〈書壘〉韻》225～226 叶「歌多蛙戈呵磨倭禾儺囉酡魔屙頗摩羅麼馱河靴坡珂鄱鉇籮唆那蓑跎科梭蛾蘿俄何波窩和囮柁渦苛哦娑柯磋螺莪鵝饢婆娥峨何羅沱訛佗過」

B. 近體詩

1. 歌韻獨用

五言絕句《子昂畫》451 叶「娥多」，五言絕句《段氏扇子》452 叶「歌蛾多」，七言絕句《次朱希顏韻》468 叶「歌籮」，七言絕句《望西北群山》478 叶「多何歌」，七言絕句《次韻薩使君天錫雜詠》495 叶「鵝何」

2. 歌、戈同用

七言律詩《和元澤見寄》313 叶「磨哦何禾梭」，七言絕句《題李尊道〈枯樹竹石圖〉》521 叶「梭河」，七言絕句《題牧牛圖》464 叶「蓑何歌」，七言絕句《萊上人〈弱水頌〉》495 叶「何波河」，七言絕句《病中》506 叶「磨多何」

3. 歌、戈、麻同用

七言絕句《其二》536 叶「槎河梭」

歌戈部獨用同用表

《廣韻》韻目 （舉平以賅上去，下同）	近體詩	古體詩
歌	5	1
歌　戈	5	1
歌　支		1
歌　麌		1
歌戈麻	1	1
總　計	11	5

本部包括《廣韻》歌、戈兩韻系，《廣韻》規定歌戈同用。李孝光詩韻中，共 17 個韻段。近體詩戈未見獨用，與歌同用 6 次，約占總數的 54.5%，故歌

戈合為一部；古體詩戈無獨用例，與歌同用 2 次，占總數的 40%，故歌戈合為一部。

過，《廣韻》戈韻古禾切，經也，又過所也。《釋名》曰「過所至關津以示之也」；又過韻古臥切，誤也，越也，責也，度也。七言古詩《次三衢守馬昂〈書壘〉韻》225～226 叶「歌多蛙戈呵磨倭禾儺囉酡魔屙頗摩羅麽馱河靴坡珂皤鈋籮唆那蓑跎科梭蛾蘿俄何波窩和囮柁渦苛哦娑柯磋螺莪鵝鑼婆娥峨何羅沱訛佗過」，原句作「海濱白叟釣鼇客，清秋策杖相經過」。音義與「古禾切」合。現代樂清、瑞安、永嘉地區均讀為［kuɔ］，保留了去聲一讀。

蛇，《廣韻》歌韻託何切，同它。《說文》曰「蟲也」，從蟲而長象冤曲垂尾形。上古草居患它，故相問「無它乎？」；又支韻弋支切，委蛇；又麻韻食遮切，毒蟲。騷體詩《書〈窈窕圖〉後並序》98 叶「下舞女戶蛇歌何他媞棲齊隮」，原句作「神將舉兮委蛇，捫予心兮嘯歌。」其中「蛇」音義與「弋支切」同。此處為歌支虞麻合韻。家麻部中七言古詩《與朱希顏會玉山人書其壁》243 叶「蛙蛇霞家車啞茶撾花波嗟多何」，原句作「小山培塿溝中蛙，大山宛轉行黃蛇。」其中「蛇」音義應取「歌韻託何切」或「麻韻食遮切」。為押韻整齊起見，我們定為「麻韻食遮切」。「蛇」字上古屬歌部字，《廣韻》支麻歌三分，其中歌韻與麻韻義同，支韻義項為「委蛇」，現代漢語寫作「逶迤」。說明其語音有根據意義分流的趨勢，李孝光詩韻的兩韻兼押與此趨勢相一致。現代樂清方音讀為［꜁zi］，瑞安、永嘉地區讀為［꜁zei］，統一為麻韻三等字讀音。

蛙，《廣韻》麻、佳兩韻皆收。麻韻烏瓜切，蝦蟆屬也。佳韻烏媧切，蝦蟆屬。七言古詩《次三衢守馬昂〈書壘〉韻》225～226 叶「歌多蛙戈呵磨倭禾儺囉酡魔屙頗摩羅麽馱河靴坡珂皤鈋籮唆那蓑跎科梭蛾蘿俄何波窩和囮柁渦苛哦娑柯磋螺莪鵝鑼婆娥峨何羅沱訛佗過」，原句作「池上小兒喜誇大，睚眥生怒如膰蛙。」；通篇押歌戈部，「蛙」字押入，與樂清方音吻合，詳見下文討論。七言古詩《與朱希顏會玉山人書其壁》243 叶「蛙蛇霞家車啞茶撾花波嗟多何」，原句「小山培塿溝中蛙，大山宛轉行黃蛇」，音義皆與「麻韻烏瓜切」合。李孝光詩韻中，「蛙」協入歌戈部和家麻部各 1 例，與劉曉南（1999）「宋代福建文人『蛙』4 次入韻，全部押入麻韻系」[二〇] 略有不同，李孝光詩韻印證了「蛙」上古屬於佳韻系，元代合流為《中原音韻》家麻部中的一員的過程。同時，「蛙」應該是日常生活中常見的事物，樂清方音念［꜀øua］，這也說明口語中的語詞協入麻韻的過程可能要早。在《切韻》時代，「蛙」實際語音已經

早於「涯」等其他佳韻字先行步入麻韻了。

二、家麻部

（一）韻字

平聲麻韻——〔二等開口〕琶、麻||茶|沙紗砂||家加嘉葭笳、牙芽衙|霞|鴉

〔二等合口〕撾||誇|花、華|蛙

〔三等開口〕嗟、邪斜||遮、車

上聲馬韻——〔二等開口〕馬||下|啞

〔三等開口〕者

去聲禡韻——〔二等開口〕怕||吒||駕

〔三等開口〕夜

（二）韻譜

A. 古體詩、文

1. 麻韻獨用

七言古詩《秋曉角》214 叶「沙花家」，五言古體《送翁景陽作台州掾》180 叶「花家遮誇」

2. 馬韻獨用

古樂府騷《良堂草堂詩》115 叶「下者」，七言古詩《遼人射獵圖》243 叶「馬者下」

3. 禡韻獨用

七言古詩《送詎上人出五臺而歸吳下，為予政訊天如禪伯》258 叶「夜駕怕吒」

4. 麻、支、佳同用

五言古體《潘子政具慶堂》194 叶「花家鴉嗟茶儀車加池斜衙霞遮華邪涯」

5. 麻、歌、戈、佳同用

七言古詩《與朱希顏會玉山人書其壁》243 叶「蛙蛇霞家車啞茶撾花波嗟多何」，詞《水調歌頭・代干彥政送張公弼》570 叶「歌多沱琶花撾涯車」，詞《前調・和韻送公弼》571 叶「歌多沱琶花撾涯車」

B. 近體詩

1. 麻韻獨用

五言律詩《天台道上聞天香》261 叶「嘉沙花家」，五言律詩《越州郡庠壁和顏氏子韻》262 叶「涯華花茶家」，五言律詩《陪薩使君、志能遊城西光孝院得茶字》268 叶「鴉花茶華」，七言律詩《次陳輔賢遊雁山韻》334～335 叶「花家茶麻」，七言律詩《次達公晚過釣臺韻》338 叶「花沙華葭」，七言律詩《和人遊雁山家家韻》357 叶「家花牙誇」，七言律詩《其二》357～358 叶「家花牙誇」，七言律詩《送趙岐山》372 叶「嘩笳花家車」，七言律詩《送蔡縣正》373 叶「笳家花霞」，七言律詩《東林廢寺》417 叶「華茶家花鴉」，七言絕句《送上虞黃萬石作天台教》511 叶「家沙花」，七言絕句《題徽廟額》515 叶「花斜家」，七言絕句《送謝仲連小鹿巡檢》531 叶「茶花」，七言絕句《題〈拒霜鸚鵡〉》545 叶「斜花嗟」，七言絕句《蓋竹洞天》459 叶「鴉霞花「，七言絕句《其三》468 叶「家花」，七言絕句《送周良臣上湖州幕兼寄希顏》469 叶「衙花紗」，七言絕句《清明日郊行》474 叶「斜家花」，七言絕句《其三》481 叶「華花家」，七言絕句《其二》488 叶「花家琶」，七言絕句《祠宇觀登樓》489 叶「砂家花」，七言絕句《從開元寺怡光長老覓茶》500 叶「家茶」。

家麻部獨用同用表

《廣韻》韻目	近體詩	古體詩和文
麻	22	5
麻支佳		1
麻歌佳		2
麻歌戈佳		1
總　計	22	9

本部即《廣韻》麻韻系，《廣韻》規定麻韻獨用，李孝光詩韻共 31 個韻段。近體詩均為麻韻獨用，未見麻韻與其他韻相葉，故麻為一部；古體詩和文中佳韻「涯、蛙」等字葉入麻韻，並與歌韻、戈韻、支韻字合用，麻韻獨用佔優勢，故麻韻為一部。

啞，《廣韻》四音：禡韻衣嫁切，啞啞，鳥聲；馬韻烏下切，不言也；陌韻烏格切，麥韻於革切，義均笑聲。七言古詩《與朱希顏會玉山人書其壁》243 叶「蛙蛇霞家車啞茶摑花波嗟多何」，原句作「眼中頓有玉人兩，膝上文度鳴嘔

啞」，陳增傑注「文度，指琴」，本詩「啞」字與上述四音義均不符，考《集韻》麻韻於加切：啞，啞嘔，小兒學言。與本詩相合，故取「平聲麻韻於加切」。

撾，七言古詩《與朱希顏會玉山人書其壁》243 叶「彌明結喉石鼎句，禰生頓足《漁陽撾》」，陳增傑注「《漁陽撾》，即《漁陽摻（參）撾》，鼓曲名。《後漢書·文苑傳下·禰衡》李賢注『參撾是擊鼓之法』」〔二一〕。詞《水調歌頭·代干彥政送張公弼》570 叶「歌多沱琵琶花撾涯車」，原句作「沙頭日日風雨，猶自鼓頻撾」；詞《前調·和韻送公弼》571 叶「歌多沱琵琶花撾涯車」，原句作「別時政自淒斷，忍聽禰生撾」。《廣韻》「撾」字未收，但麻韻收有「檛」字，檛，陟瓜切，捶也，同簻；簻，另有戈韻苦臥切，簻軸。「撾」與「檛」應為古今字。依據詩詞義，上述三首詩詞中的「撾」均應為「麻韻陟瓜切」音義。

車，《廣韻》麻韻尺遮切，《古史考》曰「黃帝作車，引重致遠，少昊時加牛，禹時奚仲加馬」；又魚韻九魚切，車輅也。《中原音韻》車遮、魚模二部兼收。故宋元間當有兩讀。李孝光詩文用韻中，「車」字表現為家麻部、魚模部兩押，分別列舉兩例如下：

七言古詩《與朱希顏會玉山人書其壁》243 叶「蛙蛇霞家車啞茶撾花波嗟多何」；詞《水調歌頭·代干彥政送張公弼》570 叶「歌多沱琵琶花撾涯車」

五言古體《題溧陽冶城賦宮王吉甫卷》183 叶「車梟駑駑」；七言律詩《送陸仲亨文學精舍山長》310 叶「渠廬書魚車」

總計李孝光詩文用韻，「車」字押入家麻部 4 次，押入魚模部 14 次，說明元代溫州地區實際語音當以魚模部為主。但現代溫州地區市區、永嘉、瑞安文讀音都念 [o]，樂清文讀音讀 [ou]，均符合家麻部音。溫州話「車」白讀音為 [ei]，瑞安話「水車」等日常生活中常見事物讀音也為 [ei]，日常事物保留的讀音應是方音的較古層次，而文讀層次則說明可能是受周邊較為發達的語言如吳語的影響造成的。

涯，《廣韻》五佳切又魚羈切，《集韻》另增牛加切，義均為「水畔也」。五言古體《潘子政具慶堂》194 叶「花家鴉嗟茶儀車加池斜衙霞遮華邪涯」，原句作「歌我《具慶篇》，此樂詎可涯」，押入麻韻；詞《水調歌頭·代干彥政送張公弼》570 叶「歌多沱琵琶花撾涯車」；詞《前調·和韻送公弼》571 叶「歌多沱琵琶花撾涯車」。佳韻系的「佳涯畫掛罷」在《中原音韻》中見於麻韻。佳韻「涯」字押入麻韻，初唐寒山詩中就有 1 例，即《世人》叶「嗟涯家麻邪」（鮑明煒 1990）。盛唐以後較為普遍，如李白（鮑明煒 1957）、杜甫（張世祿

1944）、韓愈（荀春榮 1982）、白居易（鮑明煒 1982）〔註1〕。儲泰松（2005）：「唐五代關中地區「涯」字 25 次押入家麻，3 次押入支微，此字唐代當已讀入麻韻「[二二]。這些都說明「涯」字在唐代就有了與麻韻相近的一讀，詩韻較及時地反映了這一語音變化，而韻書相對滯後。劉曉南（2001）：「到宋代，文人筆下押麻韻的蟹攝字逐漸集中於『涯佳罷掛卦畫話』諸字，形成了《中原音韻》家麻部的規模。」[二三] 李孝光詩韻中，「涯」字在葉入麻韻的同時，有兼葉齊支與歌戈兩部的現象，這說明自唐開始葉入麻韻的「涯」字，在元代樂清地區這一通語音變現象繼續留存。其兼葉齊支的現象又與韻書所載吻合。

池，《廣韻》支韻直離切，停水曰池。歌韻徒何切，灘沱，水名。五言古體《潘子政具慶堂》194 叶「花家鴉嗟茶儀車加池斜衙霞遮華邪涯」，原句「綠陰映朝旭，微芳蔭晴池」，音義與「支韻直離切」合。「池」從也聲，上古屬於歌部，從西漢到東漢轉入支部。魏晉時代還有歌支通押例（丁邦新 1975），吳棫《韻補》收池於歌韻。現代樂清念 [sdʑi]，保留了《廣韻》支韻讀音，李孝光詩韻所反映的音類與其一致。

三、魚模部

（一）韻字

平聲魚韻——盧廬||除躇|渣、初、鋤、疏|書|如||車居、胠渠、魚|歟余餘

〔註 1〕本文論證過程中關於各種語音現象中不同韻部之間合韻次數的統計綜述部分借鑒前人已有的研究成果，主要參閱書目為：李榮《音韻存稿》商務印書館 1982 年版，鮑明煒《唐代詩文韻部研究》江蘇古籍出版社 1990 年版，周祖謨《唐五代的北方方音》載於《語言文字學術論文集》知識出版社 1988 年版，周祖謨《宋代汴洛語音考》1942 載於《問學集》中華書局 1966 年版，劉根輝、尉遲治平《中唐詩韻系略說》載於《語言研究》1999 第 1 期，周長楫《從義存的用韻看唐代閩南方言的某些特點》載於《語言研究》1994 增刊，張世祿《杜甫與詩韻》載於《張世祿學術論文集》學林出版社 1984 年版，馮志白《陸游古體詩的用韻系統》載於《語言研究》1994 年增刊，荀春榮《韓愈的詩歌用韻》載於《語言學論叢》商務印書館 1982 年第 9 輯，魯國堯《魯國堯語言學論文集》江蘇教育出版社 2003 年版，劉曉南《宋代閩音考》嶽麓書社 1999 年版，裴宰爽《宋代臨安詞人用韻考》南京大學 1996 年博士學位論文，張令吾《宋代江浙詩人用韻研究》南京大學 1998 年博士學位論文，杜愛英《北宋江西詩人用韻研究》南京大學 1998 年博士學位論文，儲泰松《唐五代關中方音研究》安徽大學出版社 2005 年版，胡運飆《吳文英張炎等南宋浙江詞人用韻考》載於《西南師範大學學報》1987 年第 4 期等等著作或學術論文。

上聲語韻——女|稰、鱮緒||佇|阻俎、楚、所|渚、處、署暑|汝||舉、去、語

去聲御韻——處||去

平聲虞韻——夫膚、凫、無蕪||趨、須||株|芻、雛、踰|珠朱、樞|襦||臞、愚娛|於、腴

上聲麌韻——府腑斧脯、撫、黼輔父、侮舞武鵡||取、聚|主麈||雨羽宇

去聲遇韻——霧||樹

平聲模韻——蒲||都、圖塗徒|駑、爐壚|租、徂、蘇||孤沽菰、枯|呼、湖壺弧|烏

上聲姥韻——補||土吐||古鼓、苦|虎、戶

去聲暮韻——哺、暮||度渡|怒、路露鷺|素||顧

（二）韻譜

A. 古體詩、文

1. 魚韻獨用

古樂府騷《一車南》81 叶「魚書」

2. 魚、模同用

古樂府騷《桐江》91～92 叶「租車」，七言古詩《送方叔高賦得長安道》253 叶「弧渠」，七言古詩《題鐵仙人琴書安樂窩》235～236 叶「書塗」，詞《臨江仙・壽李後山》564 叶「歟如圖渠閭車」，七言古詩《遼人射獵圖》243 叶「鋤租」

3. 虞、模同用

四言古詩《有樊》124～125 叶「芻圖」

七言古詩《題鐵仙人琴書安樂窩》235～236 叶「娛枯」

4. 魚、虞同用

七言古詩《送陳君禮之婺女兼寄徐仲禮》251 叶「芻車」

5. 魚、模、虞同用

五言古體《賦天籟》154 叶「烏塗壺湖株呼都珠除踰」

五言古體《題溧陽冶城賦宮王吉甫卷》183 叶「車凫駑芻」

6. 語韻獨用

四言古詩《嘉樹為鄭氏義門作》126～127 叶「處俎」

古樂府騷《桐江》91〜92叶「鱷處」

7. 麌韻獨用

七言古詩《和陳叔夏章字韻詩送此山師》249叶「雨塵」

8. 姥、麌同用

古樂府騷《雲之蒸》84叶「雨土舞雨」

四言古詩《有翼》118叶「虎舞鼓」

七言古詩《湖山八詠‧竹枝引泉》209叶「苦雨」

9. 語、麌同用

七言古詩《龍鼻水聽琴為劉芳在作》219叶「語雨」，古樂府騷《白翎雀》88叶「舞雨脯語」，四言古詩《有翼》118叶「女取武」，五言古體《靈隱十詠‧冷泉亭》129叶「宇暑雨語」

10. 麌、語、姥同用

五言古體《靈隱十詠‧龍泓洞》134叶「府處古雨」，古樂府騷《雲之蒸》84叶「黼吐雨汝」，七言古詩《張葵齋所藏〈江山風雨圖〉》223〜224叶「雨戶楚古主」，五言古體《夢先君二首》181叶「父土所戶」

11. 御、遇同用

古樂府騷《長干行》80叶「樹去處」

12. 暮、遇同用

五言古體《和叔夏賦朝雪》179〜180叶「樹暮渡」

13. 暮、御同用

五言古體《和叔夏觀石楔二首》201叶「素路去暮」，五言古體《和叔夏觀石楔二首其二》201叶「素路去暮」，古樂府騷《江橋樹》87叶「樹暮去處樹莫去處」

14. 御、遇、暮同用

五言古體《靈隱十詠‧呼猿洞》131〜132叶「處樹路霧」

七言古詩《和薩郎中秋日海棠韻》221叶「處樹露」

15. 姥、暮同用

四言古詩《原田》121〜122叶「怒虎」

16. 麌、暮同用

古樂府騷《白翎雀》88 叶「哺輔」

17. 語、姥、暮同用

五言古詩《雜詩其三》140 叶「露戶佇苦補舉」

18. 語、麌、姥、暮同用

詞《水龍吟・壽外姑代弟作》573 叶「雨露度處譜舞語路」，詞《青玉案・代送路宣差》574 叶「暮度處雨土補」，詞《感皇恩・代送路宣差》575 叶「袴許鼓樹暮去雨路」，古樂府騷《滁水》107 叶「虎吐斧輔顧怒」

19. 語、麌、姥、暮、魚同用

詞《水龍吟》577 叶「雨露躇路處古土去」

20. 虞、麻同用

古樂府騷《吳趨曲送薩使君》82 叶「邪趨於雛珠」

21. 魚、麻同用

文《崑山州重修學宮記》58 叶「花如」

22. 魚、虞、脂同用

古樂府騷《良常草堂詩》115 叶「肤書愚余鴟」

23. 魚、虞、模、麻、尤、咍同用

五言古體《題畫史朱好古卷》161～162 叶「爐愚樞朱珠膚株湖呼躇舟瑕臺芽壺」

24. 麌、馬同用

四言古詩《河流為陽君錫作》119～120 叶「雨下」，文《洞神宮青溪堂記》51 叶「社糈宇」

25. 姥、馬同用

古樂府騷《瓶有梅》109 叶「戶下」

26. 語、姥、馬同用

古樂府騷《柬干彥明》113 叶「下馬苦寫女」

27. 語、麌、馬同用

文《崑山州重修學宮記》58 叶「舞所下俎」

28. 語、姥、有同用

七言古詩《湖山八詠·山頂樵居》207 叶「虎古戶女嫗士」

29. 語、麌、姥、有同用

五言古體《與鄭廷舉及其伯氏廷瑞》189 叶「舞阻戶聚士古吐雨腑否語」

30. 魚、模、麌、暮、尤、有同用〔註1〕。

古樂府騷《蓮花障》105 叶「蒲模酒有侮麌魚魚家麻鷺暮休尤」

31. 語、麌、姥、馬、支、歌同用

古樂府騷《書〈窈窕圖〉後並序》98 叶「下馬舞麌女語戶姥蛇支歌歌何歌他歌媞齊棲齊齊齊隋齊」

32. 遇、有同用

文《洞神宮青溪堂記》51 叶「樹守」

33. 御、未同用

七言古詩《龍鼻水聽琴為劉芳在作》219 叶「氣去」

34. 遇、暮、語、禡同用

五言古體《送張信父》161 叶「樹素路夜顧晝」

B. 近體詩

1. 魚韻獨用

七言律詩《送陸仲亨文學精舍山長》310 叶「渠廬書魚車」，七言律詩《次張伯雨韻》325 叶「疏初車書」，七言律詩《次張伯雨寄徐閒遠真士》326 叶「廬疏初車書」，七言律詩《又次張尊師韻寄沉紫元》326～327 叶「疏初車書」，七言律詩《其二》327 叶「疏初車書」，七言律詩《和范文正公茅山有作韻》392～393 叶「車餘書居」，七言律詩《送閣學士赴上都》422 叶「輿書車居蹿」，七言絕句《家裕之釣雪齋》509 叶「餘魚」，七言絕句《其二》514 叶「居書」，七言絕句《靜軒卷》533 叶「初書」，七言絕句《古長信秋祠二首》552 叶「疏初除」，七言絕句《得故人書》463 叶「書居初」，五言排律《王都事仲能書巢》430 叶「除車初魚居書」，七言絕句《丙子五日雪夜》535 叶「車書」

2. 模韻獨用

五言絕句《記持子所作山頭有草詩》450 叶「蒲枯」，七言絕句《題斷江

〔註1〕韻腳後頭的小字注明該字所屬的《廣韻》韻目，下同。

雪詩》493 叶「菰圖」，七言絕句《巢湖……復入巢湖》506 叶「呼蒲湖」

3. 虞、模同用

五言律詩《遠山》285 叶「孤無蕪呼」，五言律詩《自和寄陳良友》286 叶「梧孤無沽」，七言律詩《挽熊天慵先生》311 叶「湖徒扶徂腴」，七言絕句《憶升州學》525 叶「壺湖無」，七言絕句《百雁圖》529 叶「於圖」，七言絕句《其二》505 叶「湖蒲無」，七言律詩《過吳江》428 叶「湖蒲圖壚無」

4. 魚、虞同用

七言律詩《題雁圖》361 叶「疏予榆初須」，七言絕句《微恙而……自嘲》478 叶「書余臞」，七言絕句《其二》523 叶「襦車書」

5. 魚、模同用

七言絕句《賦樹下居》514 叶「蘇居書」，七言絕句《其二》526 叶「壺菹魚」

6. 魚、模、虞同用

七言絕句《其二》534 叶「除夫盧」

7. 暮韻獨用

五言絕句《深竹堂》455 叶「露度」

8. 虞、麻、魚、模同用

七言律詩《予早作……貪墨者》360 叶「樞拿軀菹圖」

魚模部獨用同用表

《廣韻》韻目	近體詩	古體詩和文
魚	14	3
虞		1
模	4	1
魚　模	2	8
虞　模	7	7
魚　虞	3	6
魚虞模	1	14
魚　麻		1

虞 麻		3
魚虞模麻	1	1
總 計	32	45

《廣韻》韻目	古體詩和文
模 麻	1
魚虞麻	1
魚模麻	1
魚 微	1
虞 尤	1
魚模尤	1
魚虞模尤	2
魚虞模麻尤咍	1
魚虞模麻齊支歌	1
總 計	11

　　本部包含《廣韻》魚虞模三韻系，《廣韻》規定魚獨用，虞模同用，李孝光詩文用韻中，共計88個韻段。近體詩中虞無獨用例，模韻獨用4次，虞模同用7次，虞模同用；魚韻獨用14次，與虞模合用7次，約占三韻合用總數32次的21.9%，故魚虞模三韻合用為一部。古體詩和文虞韻獨用1例，模韻獨用1例，虞模同用7例，虞模同用；魚韻獨用3次，與虞模合用37次，約占三韻合用總數56次的66.1%，故魚虞模三韻合用為一部。

　　邪，《廣韻》麻韻以遮切，俗作耶，語助；又似嗟切，鬼病，亦不正也。《論語》曰「思無邪」。古樂府騷《吳趨曲送薩使君》82叶「邪趨於雛珠」，原句為「四座並清聽，有客歌《狹邪》」，古樂府有《長安有狹邪行》（《樂府詩集》卷三五），敘少年冶遊之事。故此處「邪」音義與「似嗟切」合。

　　下，《廣韻》馬韻胡雅切、禡韻胡駕切，《集韻》另增姥韻後五切，李孝光詩文中有五例押入魚模部，二例押入家麻部。魚模部：古樂府騷《書〈窈窕圖〉後並序》98叶「下舞女戶」；四言古詩《河流為陽君錫作》119～120叶「雨下」；古樂府騷《柬干彥明》113叶「下馬苦寫女」；古樂府騷《瓶有梅》109叶「戶下」；文《崑山州重修學宮記》58叶「舞所下俎」。家麻部：古樂府騷《良堂草堂詩》115叶「下者」；七言古詩《遼人射獵圖》243叶「馬者下租」。說

明元代溫州地區實際讀音中當以魚模部為主。現代甌語溫州話念 [o˴] [˚ɦo]
兩音，瑞安話、永嘉話讀 [o]，樂清話讀 [ou]，均符合家麻部讀音。

　　莫，《廣韻》鐸韻慕各切，無也，定也。《說文》本模故切，日且冥也，從
日在茻中。古樂府騷《江橋樹》87 叶「樹暮去處樹莫去處」，原句作「江橋樹，
日日斜陽莫。」原詩上一段對應句為「江橋樹，荏苒年華暮。」《廣韻》暮韻
「暮」，莫故切，日晚也，冥也。四庫本《五峰集》作「江橋樹，日日斜陽暮」，
義通音協。

四、咍皆部（近體詩咍灰部、皆佳部）

（一）韻字

　　平聲咍韻──臺、苔|能、來萊|災哉栽、猜、才、鬋||荄、開|咍、頦|
埃哀

　　上聲海韻──待|載、採彩、在||改|海

　　去聲代韻──逮

　　平聲灰韻──杯、梅媒||堆、頹|雷罍|催||巍嵬|回

　　上聲賄韻──濯、罪||匯

　　去聲隊韻──隊||潰

　　去聲泰韻──　[開口] 旆||靄
　　　　　　　　　[合口] 會|薈

　　平聲佳韻──　[開口] 佳

　　平聲皆韻──　[開口] 階
　　　　　　　　　[合口] 懷淮

　　去聲怪韻──　[合口] 壞

（二）韻譜

A. 古體詩、文

1. 咍、灰同用

七言古詩《山宮觀瀑》216 叶「哉來巍」

詞《水調歌頭・與於雲峰》566 叶「徊苔栽梅哉猜來埃」

2. 咍、皆同用

七言古詩《題鐵仙人琴書安樂窩》235～236 叶「懷災咍哉」

3. 海、賄同用

五言古體《悼巴陵女》204 叶「海待改罪」

4. 海、泰同用

五言古體《靈隱十詠・高峰塔》133～134 叶「載海彩靄」

5. 泰、隊同用

四言古詩《有翼》118 叶「旆薈潰」

6. 咍、灰、脂同用

七言古詩《送林彥清》247 叶「來埃臺嵬媒開回荄頦鬛衰臺杯才罍能來萊」

7. 海、賄、隊、止同用

五言古體《九月一日，李晉仲、張子長、張仲舉、蔡行之載酒西湖。是日會者凡九人，分韻得採字》150～151 叶「彩改待漼隊匯海蕝在採」

8. 怪、未同用

四言古詩《原田》121～122 叶「壞畏」

9. 代、霽、御、志、至、旨同用

五言古體《雜詩其八》142 叶「慮寐逮至醉意驥志計幾」

B. 近體詩

1. 咍韻獨用

七言律詩《其二》328～329 叶「苔哉開來埃」，七言律詩《入雁蕩山》359 叶「開苔來栽猜」，七言律詩《次疏齋公書句曲唐侯韻》393 叶「才來栽臺猜」，七言絕句《其二》518 叶「開來」，七言絕句《折梅》549 叶「臺開來」，七言絕句《東塔雲煙》461 叶「開來」，七言絕句《夜夢有老人……能成誦》483 叶「開臺來」，七言絕句《其六》497 叶「苔來」，七言律詩《環碧齋》428 叶「苔埃來猜栽」

2. 咍、灰同用

七言律詩《送王元鳳》297 叶「才梅杯回」，七言律詩《題車覺寺空翠亭》352 叶「來雷開回」，七言律詩《道適句童……墳廟》362 叶「回哀來才」，七言律詩《松風閣》365 叶「回來萊杯」，七言律詩《辛亥出川問歸》415 叶「栽來開回杯」，七言絕句《遊石樑戲嘲主僧》508 叶「苔堆來」，七言絕句《主僧……用前韻》508～509 叶「苔堆來」，七言絕句《其二》513 叶「回苔來」，

七言絕句《次薩天錫使君六合詩韻》516～517叶「回雷開」，七言絕句《其二》528叶「回來開」，七言絕句《送人兼簡丁仲容二首》550叶「回來」，詞《水調歌頭‧與於雲峰》566叶「徊苔栽梅哉猜來埃」，七言絕句《送輔賢出山作首尾吟二首》479叶「催苔來」，七言絕句《其二》479叶「來回臺」，七言絕句《其四》488叶「開杯」，七言絕句《題王仕讓御史所藏畫卷‧其一〈風雨回舟〉》504叶「開回」

3. 皆、佳同用

七言絕句《從雪窗上人覓茶》538叶「佳階」

咍皆部（含近體詩咍灰部）

咍皆部等獨用同用表

《廣韻》韻目	近體詩	古體詩
咍	9	
咍 灰	15	3
咍 皆		1
皆 佳	1	
咍 泰		1
總 計	25	5

《廣韻》韻目	古體詩
灰 泰	1
咍灰脂	1
咍灰之	1
皆 微	1
咍齊支脂之魚	1
總 計	5

　　《廣韻》規定灰咍同用，皆佳同用，去聲泰獨用，卦怪夬同用。李孝光近體詩灰未見獨用，咍灰同用15次，咍灰合用為一部；佳未見獨用，與皆同用1次，同用次數雖少，但未見與它韻合用，故皆佳合用為一部。古體詩灰未見獨用，與咍同用3次，咍灰同用；皆未見獨用，去聲泰韻無獨用例，皆、泰與咍灰合用3次，占總數10次的30%，故咍灰皆泰合為一部。

古體詩咍皆部包含《廣韻》咍灰皆泰四韻，近體詩咍灰部包含《廣韻》咍灰兩韻。

近體詩皆佳部

本部包含《廣韻》皆佳兩韻。李孝光詩韻皆佳同用一例。

七言絕句《從雪窗上人覓茶》538 叶「佳階」

來，《廣韻》落哀切，《禮部韻略》郎才切，又洛代切，《中原音韻》收於皆來部平聲，都不讀齊之部音。惟有《集韻》七之韻收「來」，音陵之切。明姜准《岐海瑣談・卷八》「（溫州方言）又『來』音『離』。〈國風〉：『道之云遠，曷云能來。』〈左傳〉宋人歌曰：『於思於思，棄甲復來。』皆音『離』。」[二四] 現將溫州市區、樂清和平陽二字讀音列表如下：

韻 字		溫 州	樂 清	平 陽
來	文	₌le	₌le	₌le
	白	₌lei	₌li	₌li
釐		₌lei	₌li	₌li

可見在元明清時期吳語區，「釐」的音讀與「來」的白讀音相同，李孝光古體詩和文「來」字押入咍皆部 3 次，押入齊支部 1 次，分別列舉 1 例：詞《水調歌頭・與於雲峰》566 叶「徊苔栽梅哉猜來埃」、古樂府騷《竹石圖》104 叶「峨來饞池離之知」，「來」字押入齊之部符合溫州方音的特點。

能，《廣韻》奴來切，三足鱉，又獸名；奴登切，工善也，又獸名；奴代切，技能。七言古詩《送林彥清》247 叶「來埃臺寬媒開回荄頹鬣衰臺杯才罍能來萊」，原句作「舟行江中慎濯足，幾下乃有鱉與能」，音義與「奴來切」合。《爾雅・釋魚》：「鱉三足，能」。

荄，《廣韻》有皆韻古諧切與咍韻古哀切兩切，義均為草根。上述七言古詩《送林彥清》247「君嘗教我三洗髓，已覺靈氣生根荄」，為押韻整齊起見，我們取「古哀切」。陳增傑注：根荄，植物之根。謂根本 [二五]。

衰，《廣韻》五支楚危切，小也，減也，殺也。六脂所追切，微也。《中原音韻》齊微部、皆來部兩收。李孝光詩韻有 1 例押入咍皆部，即七言古詩《送林彥清》247 叶「來埃臺寬媒開回荄頹鬣衰臺杯才罍能來萊」，原句作「不見橫君三十年，眼中見子吾已衰。」義當由「減也」引申而來。另有兩例押入古體詩齊支部和近體詩支微部，分別為：古樂府騷《擬妾薄命》80～81 叶「誰兒衰私閨癡」，原句為「阿婆歲歲不嫁女，二十三十顏色衰」；七言絕句《白菊》

475 叶「緦衰籭」原句為「香無邪氣素無緦，傲殺清霜死不衰」，音義皆與楚危切合。劉曉南（1999）「明人謝榛《四溟詩話》云『四支衰，減也；十灰衰音崔，殺也。……其實減、殺同義』……義同音異，反映了語音之演變。或許唐以前只讀入止攝，音斂；宋代向皆來部變化，出現支微、皆來兩讀。」[二六] 李孝光詩韻的兼押與《中原音韻》的兼收是一致的。現代樂清方音「衰」讀為［ₑsai］，符合咍皆部讀音，但已由合口讀成了開口；現代漢語讀為［ₑsuai］，完全轉入了皆來部。

五、齊支部（近體詩支微部、齊西部）

（一）韻字

　　平聲支韻——［開口］卑碑、皮羆羆、彌瀰‖離籬罹‖知、池馳|枝|兒‖羈、奇岐跂崎、儀宜|蛇

　　　　　　　　［合口］陂‖隨‖垂‖窺、危|為

　　上聲紙韻——［開口］紫、徙|紙、氏|爾‖艤|倚

　　去聲寘韻——［開口］寄

　　平聲脂韻——［開口］悲‖尼|姿、私‖遲|師|鴟‖饑機|痍夷

　　　　　　　　［合口］累‖衰|誰‖遺

　　上聲旨韻——［開口］否、美‖死‖旨、矢‖幾

　　　　　　　　［合口］水‖晷

　　去聲至韻——［開口］寐‖地‖至‖驥

　　　　　　　　［合口］醉蕢

　　平聲之韻——狸|滋、思絲‖癡|菑|芝之、詩、時‖姬、期、疑|嘻熙|怡飴

　　上聲止韻——裏李鯉|子梓、似涘‖滓、史|趾止芷茝、始、市恃|耳‖起|喜|矣、已

　　去聲志韻——志‖意

　　平聲微韻——［開口］機|稀晞|衣依

　　　　　　　　［合口］飛非、菲霏、肥、微薇‖歸|輝暉|違幃圍

　　上聲尾韻——［開口］蟢|幾

　　　　　　　　［合口］朏、尾

　　平聲齊韻——［開口］醯、謎‖低、罳梯、媞題蹄啼|泥、藜|藋、妻淒、齊、西棲犀‖雞、溪、倪霓|奚兮|鷖

　　　　　　[合口] 闈|畦

上聲薺韻——[開口] 禰|❘底、娣弟|禮醴|洗

（二）韻譜

A. 古體詩、文

1. 之韻獨用

四言古詩《河流為陽君錫作》119～120 叶「之之」

四言古詩《原田》121～122 叶「之之」

2. 微韻獨用

五言古體《古詩其二》173 叶「飛肥依違」

五言古體《清暉》138 叶「暉菲違機飛歸」

3. 齊韻獨用

　　七言古詩《送方叔高賦得長安道》253 叶「啼雞」，七言古詩《龍鼻水聽琴為劉芳在作》219 叶「犀溪啼霓淒」，五言古體《〈寒汀小景圖〉為去疾監丞作》135 叶「霓泥鷖西謎棲罳低」，文《洞神宮青溪堂記》51 叶「棲倪齊」

4. 之、微同用

古樂府騷《採蓮曲》86 叶「歸飴」

5. 支、微同用

七言古詩《和陳叔夏章字韻詩送此山師》249 叶「機知」

6. 之、支同用

四言古詩《岐山》120 叶「思岐」

七言古詩《龍鼻水聽琴為劉芳在作》219 叶「期枝」

7. 支、脂同用

古樂府騷《瓶有梅》109 叶「知尼」

四言古詩《河流為陽君錫作》119～120 叶「私宜」

8. 之、支、微同用

古樂府騷《再賦怡雲詩》102 叶「怡飴知歸期」

9. 脂、支、微同用

古樂府騷《青草謠為華彥清作》96 叶「離遲輝私知為」

10. 之、支、脂同用

七言古詩《和薩郎中秋日海棠韻》221 叶「姿時羈」

11. 支、齊同用

文《洞神宮青溪堂記》51 叶「棲崎」

12. 脂、齊同用

古樂府騷《隴頭水》89～90 叶「低悲西」

13. 支、脂、之、齊同用

古樂府騷《擬妾薄命》80～81 叶「誰兒衰私闈癡」

14. 支、脂、之、微、齊同用

詞《水調歌頭・壽涼國公趙公》576 叶「歸兒闈為時詩危師」

15. 止韻獨用

四言古詩《河流為漾君錫作》119～120 叶「矣子」，四言古詩《嘉樹為鄭氏義門作》126～127 叶「芑趾」，七言古詩《送方叔高賦得長安道》253 叶「止已」

16. 薺韻獨用

四言古詩《嘉樹為鄭氏義門作》126～127 叶「禮禰」
四言古詩《嘉樹為鄭氏義門作》126～127 叶「娣醴」

17. 紙、止同用

文《洞神宮青溪堂記》51 叶「徙裏」
七言古詩《送陳君禮之婺女兼寄徐仲禮》251 叶「史紙裏」

18. 旨、止同用

古樂府騷《採蓮曲》86 叶「水起」，古樂府騷《青天有雕鶚》95 叶「裏死」，七言古詩《賦絕照法師所畜硯屏山水》215 叶「芷水死裏」，七言古詩《龍鼻水聽琴為劉芳作》219 叶「起水」，七言古詩《送陳君禮之婺女兼寄徐仲禮》251 叶「裏水」

19. 紙、旨、尾同用

七言古詩《歙硯歌》246 叶「水尾髓」

20. 薺、紙、旨、止同用

五言古體《寄達兼善》168 叶「水泥起已矢梓艤止喜醴涘爾抵李倚趾底死

矣子」

21. 支、脂、之、微、齊、志同用

古樂府騷《黃鵠謠題余節婦詩卷》96 叶「隨離齊*期*妻罹志悲兒*疑誰*飛為知」

22. 脂、之、歌同用

五言古體《衡門有一士》176 叶「饑歌之滋」

23. 之、支、脂、歌、尤同用

五言古體《送王將軍》191 叶「*姿佩儀羈饑*之歌*狸*姬尤*遺陂*」

24. 之、支、脂、歌、志同用

五言古體《送夏簡伯之京》193 叶「*彌馳*悲絲思志歌」

25. 之、支、脂、歌、咍同用

古樂府騷《竹石圖》104 叶「峨來*饑池*離之知」

26. 支、脂、微、灰同用

五言古體《雜詩其二》139 叶「飛頹歸徊悲池輝饑鴟」

27. 支、魚同用

七言古詩《送陳君禮之婺女兼寄徐仲禮》251 叶「書為」

28. 支、旨、魚同用

文《洞神宮青溪堂記》51 叶「美鵝居」

29. 支、脂、之、微、齊、魚同用

五言古體《張本之春暉堂》155 叶「齊姿芝儀隨*期*居饑衣私遲」

30. 支、之、咍同用

古樂府騷《東里》126 叶「知菑嘻哉」

31. 紙、海同用

文《崑山州重修學宮記》58 叶「怠氏」

32. 旨、有同用

古樂府騷《蓮葉何田田》85 叶「水友」

33. 語、止、旨、蟹同用

五言古體《溪行分韻得美字》200 叶「雨水齒起理美耳緒」

34. 語、紙、止、旨、蠁同用

五言古體《夏日荷亭即事》146 叶「渚髓旎水暑裏羽蕊紙雨」

35. 紙、旨、止、尾、尤同用

五言古體《寄張伯雨》156 叶「已止子止紙紙似止旨旨美旨幾旨紫旨李止史止蠆尾滓止跂支尾尾裏止喜止朏尾水旨友有芷止死旨市止恃止依微始止曷旨彌紙箠紙鯉止耳止」

36. 紙、旨、止、薺、有、厚同用

五言古體《與杜御史》159 叶「史止水旨子止滓止耳止洗薺彌紙母厚否有紫紙」

B. 近體詩

1. 之韻獨用

五言律詩《送客》269 叶「時離祠思」

2. 支韻獨用

七言絕句《松石圖》510 叶「離知」

七言絕句《題楊外郎所藏楊補之〈梅卷〉，其家有清白堂》519 叶「知枝」

五言排律《竺雲為曇上人作》432 叶「蛇奇差垂池儀」

3. 微韻獨用

五言律詩《綠水》286 叶「幾衣微飛」，五言律詩《代送靳尹》287 叶「幾歸衣違」，七言律詩《發舟錢塘》337 叶「衣微歸違」，七言律詩《為棲霞道士陳元儕賦蟾宮》363 叶「飛扉輝衣」，七言律詩《岳五祠》364 叶「稀歸機唏」，七言律詩《送人遊天台》366 叶「衣歸扉薇」，七言律詩《過山寺》379 叶「扉圍飛歸霏」，七言律詩《其二》380 叶「非衣飛歸肥」，七言絕句《題錢生〈折枝圖〉……即常春》522 叶「圍輝」，七言絕句《宿……懷古》528 叶「衣飛歸」，六言絕句《池上李花》457 叶「歸衣」，七言絕句《簫臺八景·雲門福地》458 叶「非依歸」，七言絕句《其二》467 叶「歸幃衣」，七言絕句《通之弟成求雪屋頌》473 叶「微飛扉」，七言絕句《放牛歌》484 叶「機歸衣」，七言絕句《其二》491 叶「肥飛」，七言絕句《陪觀志能……光孝寺》498 叶「歸飛扉」，七言律詩《題東坡笠屐圖》426 叶「稀歸肥衣」

4. 齊韻獨用

五言律詩《秋山》284 叶「躋霓迷梯」，七言律詩《玉林卷》308 叶「低西霓閨題」，七言律詩《苦竹村》380～381 叶「低西溪蹄棲」，七言律詩《戲奉馮

秦卿索扇》392 叶「鼚雞畦泥」，七言律詩《次韻王彥強見懷》409 叶「西棲題迷啼」，七言律詩《和宋學士晚出麗正門》419 叶「題低堤蹄棲」，七言絕句《郭巨圖》527 叶「藜妻」，五言絕句《采芹為樊子芳作》452 叶「泥虀」，七言絕句《洗竹佩小刀》475 叶「低霓啼」，七言絕句《其二》487 叶「淒溪啼」，七言絕句《其三・古廟折碑》504～505 叶「溪題啼」

5. 之、脂同用

五言律詩《送裕上人歸儀興》267～268 叶「期饑時思」，七言律詩《寄同別峰》369～370 叶「絲時誰遲期」，七言律詩《宿魏仲遠宅》421 叶「期祠思遲」，七言絕句《其二》512 叶「眉持時」，五言絕句《諸葛武侯》449 叶「之師」，七言絕句《病起寄伯循御史》503 叶「師詩時」

6. 脂、支同用

五言律詩《留候》278 叶「邳師悲危」，七言律詩《送張生》307 叶「卑儀兒姿」，七言絕句《題彭生小景》512 叶「悲枝」，七言絕句《高書記求為獨峰詩》520 叶「累池」，七言絕句《用觀志能韻寄薩天錫使君》543～544 叶「夷離遲」，七言絕句《題憲使丁手卷・其一〈琴鶴圖〉》477 叶「師痍知」，五言排律《李子雲〈白雲圖〉》436 叶「離垂窺池遲奇」

7. 之、支同用

七言律詩《胡節婦》301 叶「時嫠知兒詩」，七言律詩《題師魯菊逸卷》336 叶「衰期知為」，七言律詩《送靳縣尹》350～351 叶「絲疑時知碑」，七言律詩《送郭子熙為江西》352 叶「熙之芝奇」，七言律詩《聞得孫》403 叶「羆馳髭旗兒」，七言絕句《送陳輔賢上柳州興寧簿》507 叶「飴時宜」，七言絕句《題劉商〈觀弈圖〉》520 叶「知時」，七言絕句《其三》538 叶「旗為」，七言絕句《懷薩使君》492 叶「離思詩」

8. 之、微同用

七言律詩《為吳宗師題高年耆德門》315 叶「頤圍暉歸衣」

9. 脂、微同用

七言絕句《紫芝晚馨》461 叶「遲微衣」

10. 支、微同用

七言絕句《靜軒》507 叶「機知池」，七言絕句《農事》465 叶「飛籬知」，

七言絕句《其二》503 叶「圍枝知」

11. 齊韻、之韻

七言絕句《其二》496 叶「詩犀」

12. 至、實同用

五言絕句《呂子敬所藏趙子昂〈墨蒜〉》452 叶「寄地」

13. 支、之、微同用

七言律詩《同吳明之在靈峰作》334 叶「枝飛時機」

七言絕句《次薩郎中送蕭御史韻送薩天錫郎中》499 叶「枝飛時」

14. 支、之、脂同用

七言律詩《送姚子章慶元帥府掾》404～405 叶「貔詩旗垂」，七言絕句
《香鼎》527 叶「隨詩鷗」，七言絕句《白菊》475 叶「緇衰籬」，五言排律《去
病秘丞趙君，涼國公子也》432 叶「知思時司遲垂儀兒」，五言排律《陪薩天錫
使君⋯⋯而字》436 叶「池姿而陂疑時」

15. 脂、之、微同用

七言絕句《過釣臺》465 叶「飛絲遲」

齊支部（含近體詩支微部）

齊支部等獨用同用表

《廣韻》韻目	近體詩	古體詩和文
齊	11	6
支	3	
之	1	5
微	18	2
齊 支		1
齊 脂		1
齊 之	1	
支 脂	8	2

支　之	9	4
脂　之	6	5
總　計	57	27

《廣韻》韻目	近體詩	古體詩和文
支　微	3	1
脂　微	1	
之　微	1	1
支脂之	5	1
支之微	2	1
脂之微	1	
支脂微		2
齊支脂之		2
齊支脂之微		3
總　計	13	11

《廣韻》韻目	古體詩和文
脂　尤	1
支脂之微尤	1
齊支脂之尤侯	1
支　魚	1
支脂魚	1
脂之魚虞	1
支脂之魚虞	1
齊支脂之微魚	1
總　計	8

《廣韻》韻目	古體詩和文
支 咍	1
支之咍	1
支脂微灰	1
脂之歌	1
支脂之歌	1
支脂之歌尤	1
支脂之歌咍	1
總 計	7

《廣韻》規定齊韻獨用，支脂之同用，微韻獨用。近體詩支脂之分別合用28次、獨用4次，支脂之合為一部，微韻獨用18次，與支脂之合用8次，約占支脂之微獨用、同用總數58次的13.8%，故支脂之微合用為一部。齊韻獨用11次，與之韻合用僅1次，故近體詩中析出齊西部一部。古體詩和文中，支、脂未見獨用，同用2次，支脂同用，之獨用5次，與支脂同用10次，支脂之同用。微韻獨用2次，與支脂之同用5次，約占支脂之微四韻總數24次的20.8%，故支脂之微合用。齊韻獨用6次，與支脂之微合用9次，約占總數53次的17.0%，故齊韻與支脂之微合為一部。

古體詩和文，齊支部包含《廣韻》齊支脂之微五韻，近體詩支微部包含《廣韻》支脂之微四韻。

近體詩齊西部

本部含《廣韻》齊韻，李孝光近體詩齊韻獨用11例，齊之同用1例。

七言律詩《苦竹村》380～381叶「低西溪蹄棲」

七言絕句《其二》496叶「詩犀」

泥，《廣韻》齊韻奴低切，水和土也；霽韻奴計切，滯陷不通。五言古體《〈寒汀小景圖〉為去疾監丞作》135叶「霓泥鷺西謎棲罪低」，原句作「綿綿敘浦間，水乾見塗泥」；七言律詩《戲奉馮秦卿索扇》392叶「蠶雞畦泥」，原句作「投夜買魚為酒事，懸知二客醉如泥」；五言絕句《采芹為樊子芳作》452叶「泥蘆」，原句為「采芹復采芹，芹生總出泥」。音義均與「奴低切」合。

機，《廣韻》脂韻居夷切，木名，似楡；旨韻居履切，木也；又微韻居依切，會也，萬機也。五言古體《清暉》138叶「暉菲違機飛歸」，原句作「靜者

有妙理，觀此萬化機」；七言律詩《同吳明之在靈峰作》334 叶「枝飛時機」，
原句為「莫道白鷗機事少，只今野老亦忘機」，上述二例依義應取「微韻居依
切」音。七言古詩《和陳叔夏章字韻詩送此山師》249 叶「機知」，原句作「天
孫何曾辛苦為，東風吹綠雲錦機」；七言絕句《放牛歌》484 叶「機歸衣」，
原句作「錦襠觸破死生機，歲月如流未得歸」；上述二例依義應取「脂韻居夷
切」音。

居，《廣韻》之韻居之切，語助；又魚韻九魚切，當也，處也，安也。文
《洞神宮青溪堂記》51 叶「美鵁居」，原句作「藻井璚房，仙聖至居」，五言古
體《張本之春暉堂》155 叶「齊姿芝儀隨期居饑衣私遲」，原句作「父兮捐我
去，今獨與母居」，上述二例之「居」字，意義均為「安也，處也」；可語音卻
應取「之韻居之切」。可能當時就是方音入韻現象。《漢語方言詞彙》（北京大
學中文系漢語教研室編）「溫州話元音 i、u、y 偏高，唇形接近自然，開唇元
音不很展，圓唇元音不很圓」。現代溫州地區樂清、瑞安念［ɕy］，永嘉念
［ʦy］，由《廣韻》魚韻發展而來。

否，《廣韻》有韻方久切，《說文》不也；旨韻符鄙切，塞也。五言古體《與
杜御史》159 叶「史水子滓耳洗彌母否紫」，原句「秋堂耿華燈，民命懸可否」，
音義應與旨韻符鄙切合。朱熹說：「浙人謂不為弗，又或轉為否呼若甫云」[二七]
李孝光詩韻押入止攝的「否」合乎韻書所載。現代樂清話念［fɤ］，瑞安話念
［fɛ］，符合有韻類讀音。溫州話和永嘉話有文白二讀，其中永嘉文讀音為
［fə］，合韻書音層次；白讀音為［fu］，暗合朱熹所說的方言讀音，屬於方言
中比較古老的層次。

六、蕭豪部

（一）韻字

平聲豪韻——袍、毛旄||刀舠、滔濤弢、陶|勞醪|曹||囊皋高|號毫
上聲皓韻——寶||討、道|老早、草、掃||好
去聲號韻——帽||倒、纛||操、噪
平聲肴韻——匏、茅||恔、撓|巢、蛸||蛟嘐
去聲效韻——效
平聲宵韻——樵、消霄||朝、潮|招輻|橈饒||喬嶠|搖謠遙
上聲小韻——表、莩||悄、小||嬈

上聲筱韻——鳥‖曉

（二）韻譜

A. 古體詩、文

1. 肴韻獨用

五言古體《古詩其六》175 叶「嘐巢匏茅」

2. 豪、肴同用

古樂府騷《滁水》107 叶「滔蛟匏恌」

3. 皓韻獨用

七言古詩《送方叔高賦得長安道》253 叶「草好老」，七言古詩《送方叔高賦得長安道》253 叶「早道」，古樂府騷《擬妾薄命》80～81 叶「好老」，古樂府騷《南山有鳥》92 叶「草好老」

4. 小、筱同用

五言古體《古詩其七》176 叶「悄表嬈鳥」

5. 皓、筱同用

五言古體《和張子約早起》182 叶「曉掃寶討」

6. 號韻獨用

七言古詩《筍》217～218 叶「噪纛倒帽操」

7. 豪、小同用

古樂府騷《成相歌》93 叶「號勞芼橐」

8. 豪、號同用

四言古詩《有翼》118 叶「濤纛曹」

9. 肴、效同用

四言古詩《嘉樹為鄭氏義門作》126～127 叶「巢效」

B. 近體詩

1. 宵韻獨用

七言律詩《訪王君濟》369 叶「橈喬招消饒」，七言律詩《用馬中丞韻送志能賀冬之京師》412 叶「遙潮軺朝招」，七言律詩《梅魄》412 叶「招消橋標飄」

2. 豪韻獨用

七言律詩《送古希政赴諸暨同知》339 叶「弢旄毛刀高」，七言律詩《其二》374 叶「濤勞高皋」，七言律詩《送昭功判官保時中》403 叶「曹旄勞高陶」，七言律詩《飲濡須守子衡君宅二首》405～406 叶「舠高袍毛」，七言絕句《十五日午次下皋，是夜宿柘皋》535 叶「袍刀皋」，七言絕句《贈朱伯盛》559 叶「毫刀」，七言絕句《和薩天錫郎中韻》502 叶「號高」，七言律詩《送王僉憲伯循》309 叶「醪高毛」

3. 豪、宵同用

七言律詩《其二》322 叶「謠陶豪濤鼇」，七言律詩《其二》323 叶「陶豪濤鼇」，七言律詩《送朱希顏》397 叶「消舠毛袍高」

4. 蕭、宵同用

七言律詩《送伯循御使、天錫照磨至龍灣留別》332 叶「蕭招澆搖簫」，七言律詩《次薩使君天錫登石頭城》345 叶「凋朝翹潮」，七言絕句《其二》532 叶「霄朝簫」，七言絕句《歸樵晚渡》500 叶「樵嶢」，五言排律《聽雪為趙本初作》437 叶「寥颻遙腰條標」

5. 肴、宵同用

七言律詩《其二》371 叶「茅交蛸敲匏」

6. 肴、豪同用

七言絕句《石竹》498 叶「茅高毛」

7. 巧韻獨用

五言絕句《古鐵缽》455 叶「撓飽」

8. 小、筱同用

六言絕句《雪晴》457 叶「小曉」

蕭豪部獨用同用表

《廣韻》韻目	近體詩	古體詩
宵	3	
肴	1	2
豪	8	6

蕭　宵	6	1
宵　肴	1	
蕭　豪		1
宵　豪	3	1
肴　豪	1	1
總　計	23	12

　　本部包括《廣韻》蕭宵肴豪四韻系，《廣韻》規定蕭宵同用，肴韻獨用，豪韻獨用，李孝光詩韻共計 35 個韻段。近體詩均未見蕭獨用例，與宵同用 6 次，蕭宵同用，肴、豪分別獨用 9 次，與宵蕭合用 5 次，約占四韻同用總數 23 次的 21.7%，故蕭宵肴豪合用為一部。古體詩蕭、宵未見獨用，蕭宵同用 1 次，蕭宵同用，肴、豪獨用 8 次，與宵蕭合用 3 次，占四韻總數 12 次的 25%，故蕭宵、肴、豪合用為一部。

　　操，《廣韻》豪韻七刀切，操持；又號韻七到切，持也，志操。七言古詩《筍》217～218 叶「嗷矗倒帽操」，原句作「斧斤幸貸凌雲姿，留以觀渠歲寒操」，音義與「七到切」合。

　　號，《廣韻》豪韻胡刀切，大呼也，哭也，《詩》云「或號或哭」；又號韻胡倒切，號令，又召也，呼也，謚也。古樂府騷《成相歌》93 叶「號勞莩橐」，原句為「天甚高，聞兒號」，七言絕句《和薩天錫郎中韻》502 叶「號高」，原句作「繩床小寐聽茶熟，夢繞山風猶怒號」，音義均與「胡刀切」合。

七、尤侯部

（一）韻字

平聲侯韻——頭投|婁樓||鉤|陬|侯

上聲厚韻——母||斗|走、叟||口

去聲候韻——陋|湊

平聲尤韻——浮、謀眸|||劉流留旒騮|啾、秋湫、修羞、囚||瘳、儔|篌、愁、颼|周洲州舟、收、仇酬|揉||丘、球求裘、牛|休|憂、郵、由遊

上聲有韻——否、婦負||紐、柳|酒||肘|手首守、綬|蹂||咎、溜|朽|有友、牖

去聲宥韻——鷲、繡||瘦||救舊、佑

平聲幽韻——樛、虯‖幽

（二）韻譜

A. 古體詩、文

1. 尤韻獨用

七言古詩《送陳君禮之婺女兼寄徐仲禮》251 叶「愁牛」，七言古詩《山宮觀瀑》216 叶「流丘浮」，七言古詩《湖山八詠‧石亭避暑》221 叶「流秋」，四言古詩《歸來》124 叶「裘仇丘舟」，古樂府騷《青天有雕鶚》95 叶「秋愁」

2. 尤、侯同用

七言古詩《送楊明仲》217 叶「侯丘啾」，七言古詩《湖山八詠‧秋江漁火》208 叶「颼鷗秋」，文《崑山重修學宮記》58 叶「婁州」，詞《滿庭芳‧賦醉歸》566 叶「舟鷗休甌鉤抔邱謀」，詞《水調歌頭‧代送人》572 叶「騶留浮遊舟侯頭裘」

3. 尤、幽同用

五言古體《次江存厚遊蓋竹洞天韻》196～197 叶「幽陬流儔收遊修郵丘眸浮留愁」

古樂府騷《箕山操為許生作》111 叶「樛幽憂由牛」

4. 尤、幽、侯同用

七言古詩《龍湫行送軒宗冕歸山》240 叶「湫流颼虯幽求州陬頭愁秋」

5. 有韻獨用

七言古詩《送楊明仲》217 叶「酒柳首」

6. 有、厚同用

七言古詩《北風寄陳輔賢》256 叶「口叟手酒」

詞《感皇恩‧代壽姬尹》573～574 叶「厚否母有柳手負斗」

7. 宥、厚同用

古樂府騷《瓶有梅》109 叶「瘦陋繡」

8. 尤、幽、有同用

古樂府騷《雲之蒸》84 叶「幽虯否舟」

9. 有、宥合用

五言古體《古詩其四》174 叶「有酒守肘咎手右首」

詞《鵲橋仙·為邱海邊賦》567 叶「秀有就壽」

10. 宥、厚、有同用

五言古體《靈隱十詠·飛來峰》130 叶「鷺舊紐走」

詞《水龍吟·與此山覺公》564 叶「走瘦舊牖首酒否」

11. 尤、虞同用

四言古詩《原田》121～122 叶「駒牛」

12. 尤、魚、虞同用

古樂府騷《釣魚》115 叶「魚求駒遊」

13. 尤、侯、豪同用

五言古體《送醫師王宜往維陽》146 叶「周投瘳酬高謀收球」

14. 尤、侯、虞同用

五言古體《觀弋陽諸公詩題其後柬劉國瑞》185 叶「陬收頭虯流駒州仇謀牛留鉤愁羞酬搜休優樓裘」，古樂府騷《羽林曲》87 叶「裘珠劉侯酬」

15. 尤、皆、志同用

古樂府騷《重見所思送彭元亮》99～100 叶「丘洲淮思志求」

16. 尤、效同用

古樂府騷《有車送韓從事行縣》103 叶「瘳效」

17. 有、厚、麌同用

古樂府騷《雲之陽送人之兄代之》114 叶「母手取」

詞《滿江紅·錢塘舟中作》571～572 叶「口走酒後取否有手柳」

18. 有、止同用

七言古詩《題鐵仙人琴書安樂窩》235～236 叶「子首」

19. 有、晧同用

七言古詩《題鐵仙人琴書安樂窩》235～236 叶「有保」

20. 有、厚、晧、麌同用

五言古體《送熊括侍父至京師》172 叶「手鵡口負斗取首牖潲走受友踩母

咎叩綏柳道酒揉肘朽缶」

21. 宥、厚、候、有、虞、沃同用

七言古詩《與叔夏遊石門，叔夏有「很石忽中斷，勢若兩虎鬥」之句，余輒足之》241 叶「ᅪ救味僕湊右有」

B. 近體詩

1. 尤韻獨用

五言律詩《送薩郎中賦得新亭》265 叶「洲憂州留」，五言律詩《王馬呈昂夫大尹》290 叶「留裘舟州」，五言律詩《送公子趙去疾二首》290 叶「舟州牛遊」，七言律詩《商山四皓圖》390 叶「謀籌留羞」，七言絕句《其二》529～530 叶「遊酬」，七言絕句《其四》530 叶「愁州」，七言絕句《送宋武臣之桐城》543 叶「颼愁州」，五言絕句《羅漢泉》454 叶「秋休」，六言絕句《江邊》456 叶「流舟」，七言絕句《天台道上聞天香》466 叶「收秋流」，七言絕句《其二》470 叶「舟流」，七言絕句《其四》497 叶「秋留」，七言絕句《秋江晚渡》498 叶「流舟愁」，七言絕句《其三》502 叶「憂留」，五言排律《送廉公亮僉事江西》438 叶「州秋旒愁流酬」

2. 尤、幽同用

七言律詩《次吳宗師韻寄趙閒遠真士》324 叶「流虯遊秋丘」，七言律詩《為古澹……仲舉韻》382 叶「流幽丘秋遊」，七言絕句《雙瀑飛泉》459 叶「幽湫收」

3. 尤、侯同用

七言律詩《送人還鄱陽》342 叶「洲收愁州樓」，七言律詩《同薩使君飲鳳凰臺》344 叶「遊流州樓」，七言律詩《遷新居……錄呈元澤》383～384 叶「憂籌謀頭侯」，七言律詩《其二》384 叶「憂籌謀頭侯」，七言律詩《次薛公信安太守韻》400 叶「留囚秋頭樓」，七言律詩《其二》401 叶「留囚秋頭樓」，七言絕句《十二月十三日……所見》523 叶「樓頭州」，七言絕句《其二》547 叶「頭樓愁」，七言絕句《九日登應天塔》551 叶「頭州」，七言絕句《秦文仲……使追理也》557 叶「丘頭」，七言絕句《其四》482 叶「頭州」，七言絕句《其五》488 叶「頭州樓」，七言絕句《其三》496 叶「樓秋」，七言律詩《七月十四夜宿東縣，明日登山上亭》371 叶「遊秋篛流頭」，七言律詩《送友人金陵漕運》376 叶「州遊收樓留」，七言絕句《和戴舜臣樓字韻》508 叶「侯樓浮」

尤侯部獨用同用表

《廣韻》韻目	近體詩	古體詩和文
尤	15	8
尤 侯	16	10
尤 幽	3	2
尤侯幽		1
尤 虞		1
尤魚虞		1
尤侯虞		5
總 計	34	28

《廣韻》韻目	古體詩和文
尤 肴	1
尤 豪	1
尤侯豪	1
尤侯豪虞	1
尤 之	1
尤皆之	1
總 計	6

　　本部包括《廣韻》尤侯幽三韻系，《廣韻》規定三韻同用，李孝光詩韻共計 68 個韻段。近體詩侯未見獨用，尤同用 15 次，尤侯同用 16 次，尤侯同用，幽未見獨用，與尤同用 3 次，故尤侯、幽合為一部。古體詩和文侯未見獨用，尤獨用 8 次，尤侯同用 10 次，幽未見獨用，與尤、尤侯同用 3 次，尤侯幽三韻合用 20 次，約占總數 34 次的 58.8%，故尤侯幽合用為一部。

　　否，《廣韻》有韻方久切，不也；旨韻符鄙切，塞也。李孝光詩文「否」入韻三例，全部押入詞中。詞《水龍吟·與此山覺公》564 叶「走瘦舊牖首酒否」，原句為「喚香山居士商量，添個似儂肯否」，詞《滿江紅·錢塘舟中作》572 叶「口走酒後取否有手柳」，原句為「官此意，儂知否」，詞《感皇恩·代壽姬尹》573～574 叶「厚否母有柳手負斗」，原句作「天公著意君知否」，音義

均與「方久切」合。另有一例押入魚模部五言古體《與鄭廷舉及其伯氏廷瑞》189 叶「舞夔阻戶聚夔土古吐雨夔腑夔否語」，原句作「方今生民困，子亦念此否」，音義亦與「方久切」合。說明元代樂清地區「否」繼續保留「尤侯部唇音字」押入「魚模部」這一與通語一致的現象。

取，《廣韻》麌韻七庾切，收也，受也；又厚韻倉苟切，此處未釋義。明姜准（永嘉人）《岐海瑣談·卷八》頁 132 載「方言（蔡克驕注：指溫州方言）稱取為『取』奏上聲。杜甫詩云：『叫婦開大瓶，盤中為吾取。』東坡〈後石鼓歌〉『傳聞九鼎淪泗上，欲使萬夫沉水取』。『取』俱音奏上聲。」[二八] 李孝光詩文押入尤侯部三例：古樂府騷《雲之陽送人之兄代之》114 叶「母手取」，原句作「願而富貴歸故鄉，阿弟兮策馬來相取」；五言古體《送熊括侍父至京師》172 叶「手鶵口負斗取首牖潃走受友蹂母咎叩綏柳道酒揉肘朽缶」，原句作「功名不經意，自謂可拾取」；詞《滿江紅·錢塘舟中作》571～572 叶「口走酒後取否有手柳」，原句作「官有語，儂聽取」。

第二節　陽聲各部

一、覃談部（近體詩覃談部、鹽嚴部）

（一）韻字

平聲覃韻——眈妉、貪探、曇蟫潭譚｜南楠男｜簪、參驂、蠶撏、貒｜｜龕｜含函栭｜庵諳醃罯

上聲感韻——憯

平聲談韻——儋甔、聃、談錟郯｜藍嵐慚、三鬖｜｜甘柑泔｜蚶憨、酣

平聲咸韻——譀

平聲添韻——添

平聲鹽韻——簾｜｜沾｜鹽簷

平聲嚴韻——嚴

（二）韻譜

A. 古體詩、文

1. 覃、談同用

五言古體《古詩》173 叶「南甘貪」，五言古體《送忘成能生歸蕃陽》152

叶「南參探蟫函馣慙藍柑甘蠶潭談甒妠聃錟男」，五言古體《觀龍鼻水贈天柱
欽上人》164 叶「南簪龕楠函毿蠶探甘馣嵐酣藍三蚶眈甒儋曇聃參談驂庵含鬖
諳貪蟫錟馣」

2. 感韻、沁韻合用

七言古詩《題鐵仙人琴書安樂窩》235～236 叶「憯甚」

B. 近體詩

1. 覃韻獨用

七言絕句《龍潭寄孟寄明》537 叶「蠶南潭」

七言絕句《時思庵通求頌一源》472 叶「南潭參」

2. 覃、談同用

七言律詩《喜聞開經筵口號》343 叶「函耽南三慙」

七言絕句《失題》555 叶「鬖酣南」

3. 鹽、嚴同用

七言律詩《十六日弛儋廬州城西長安寺》407 叶「嚴簾鹽簷」

4. 鹽、添同用

五言律詩《寄勞干彥明自吳歸》276 叶「沾鹽添簾」

七言絕句《次韻伯循御使登滕王閣見寄》521 叶「簷添纖」

5. 覃韻、談韻、鹽韻、咸韻

聯句《秋夜回張仲舉……聯句》445～446 叶「南楉驂簪酣潭含函蠶嵁毿
龕男藍談參三諳慙馣眈堪探嵐甘楠涵聃貪甒憪鐔鬖郯擔搯蟫馣曇覃籃柑妠憨
儋諵醰泔粩庵」

覃談部（含近體詩覃談部）

覃談部等獨用同用表

《廣韻》韻目	近體詩	古體詩
覃	2	
覃　談	2	3
鹽　添	2	

鹽 嚴	1	
覃 侵		1
覃談咸	1	
總 計	8	4

《廣韻》規定覃談同用，咸銜同用，鹽添同用，嚴凡同用。李孝光詩韻近體詩談未見獨用，覃獨用 2 次，覃談同用 3 次，覃談同用，咸未見獨用，與覃談合用 1 次，故覃談咸合為一部；鹽未見獨用，鹽添同用 2 次，鹽添同用，嚴未見獨用，與鹽同用 1 次，故鹽添嚴合用為一部。古體詩覃、談均未見獨用，覃談同用 3 次，同用占兩韻總數的 75%，故覃談合為一部。

古體詩覃談部含《廣韻》覃談兩韻，近體詩覃談部含《廣韻》覃談咸三韻。

近體詩鹽嚴部

本部含《廣韻》鹽添嚴三韻，李孝光詩韻共 3 個韻段，分別為：

五言律詩《寄勞干彥明自吳歸》276 叶「沾鹽添簾」

七言絕句《次韻伯循御使登滕王閣見寄》521 叶「簷添纖」

七言律詩《十六日弛儋廬州城西長安寺》407 叶「嚴簾鹽簷」

探，《廣韻》覃韻也含切，取也，《說文》云「遠取之」，同音字有貪撢，其中「撢」有去聲一讀「他紺切」，可見，「也含切」應據改為「他含切」為妥。李孝光詩文入韻三例，均與平聲互押。分別為：五言古體《送忘成能生歸蕃陽》152 叶「南參探蟫函籀慚藍柑甘蠶潭談甂妭聃銇男」，原句「嘻嘻發頭角，終歲試討探」，為叶韻更「探討」為「討探」；五言古體《觀龍鼻水贈天柱欽上人》164 叶「南簪龕楠函黿蠶探甘醃嵐酣藍三蚶眈甂儋曇聃參談驂庵含蓼諳貪蟫銇籀」，原句「其中黑無底，銅仗不可探」；聯句《秋夜回張仲舉……聯句》445～446 叶「南楠驂簪酣潭含函蠶嵁黿龕男藍談參三諳慚籀眈堪探嵐甘楠涵聃貪甂憨蟫蓼郯擔撏蟫醃曇覃籃柑妭憨儋讅醰泔柑庵」，原句「燥吻茗屢沃，苦心策頻探」。

蟫、籀，均有覃韻和侵韻兩切，義同。義同音異，反映了語音之演變。或許《切韻》時代蟫、籀二字兩讀，元代時期則以覃韻讀法為主。為押韻整齊起見，均取覃韻一讀。五言古體《送忘成能生歸蕃陽》、五言古體《觀龍鼻水贈天柱欽上人》、聯句《秋夜回張仲舉……聯句》三例中有二字入韻的現象。現代漢語則「蟫」由侵韻讀音發展而來，「籀」由覃韻讀音發展而來。

撏、讅，《廣韻》「撏」有鹽韻視占切和覃韻昨含切兩讀，義均為「取也」，「讅」為咸韻字，女咸切，詀讅也。聯句《秋夜回張仲舉……聯句》445～446

叶「南楠驂簪酖潭含函蠶崟麙黿男藍談參三諳慚齹眈堪探嵐甘楠涵聃貪甌惔鐔鬖郯擔撢蟫醃曇覃籃柑妡憨儋諵醰泔粔庵」，原句分別作「擁鼻極營度，刺手牢鉤撢」；「吾我涉誕謾，爾汝志詀諵」。金雪萊、黃笑山（2006）「兩三個字的韻段中的押韻可能有偶然相押的因素，而長韻段的韻字偶然相押的可能性就極小。」[二九]，據此我們把「撢」暫定為覃韻字；「諵」押入覃談部說明咸韻字音與覃談部讀音趨近。

二、侵尋部

（一）韻字

平聲侵韻——林琳臨|駸侵、心、尋潯||沉沉|簪、參、岑、森|斟篸針砧、深|任||金禁襟露衿、嶔欽衾、禽檎琴、吟|音陰暗愔、淫

上聲寢韻——凜||枕、甚||飲

去聲沁韻——鴆

（二）韻譜

A. 古體詩、文

1. 侵韻獨用

五言古體《送詎上人出五臺而歸吳下，為予致訊天如禪伯》258 叶「心陰岑」，七言古詩《鐵笛歌為鐵涯賦》254 叶「音心篸陰金深淫琳岑吟尋琴」，七言古詩《送周子善上金華教官》233 叶「深心吟林」，七言古詩《與范子澤》178 叶「林心襟音」，五言古體《闕題》166 叶「林心琴吟暗」，四言古詩《有翼》118 叶「淫沉臨」，七言古詩《題鐵仙人琴書安樂窩》235～236 叶「琴心」，古樂府騷《題濬上人所藏〈蘭蕙圖〉》99 叶「林陰愔任心襟」

2. 寢韻獨用

古樂府騷《悲寒風》91 叶「凜甚枕飲」

3. 寢、沁同用

七言古詩《題鐵仙人琴書安樂窩》235～236 叶「飲鴆」

B. 近體詩

1. 侵韻獨用

五言律詩《送友人》262～263 叶「陰深心音」，五言律詩《挽戴春澗》264 叶「沉心琴尋」，五言律詩《次薩郎中題鐵塔寺壁》269 叶「臨深林吟」，五言

律詩《東林寺》270 叶「林陰深吟臨」，五言律詩《癸酉元日前一日歲除立春》276 叶「深金心吟」，七言律詩《次存厚周先生曲肱亭韻》293 叶「深侵陰心吟」，七言律詩《其三》300 叶「尋今心深」，七言律詩《送客》342 叶「林深心金」，七言律詩《泊舟銅陵縣下》348 叶「陰音深吟」，七言律詩《吳文靜晚香齋》364 叶「森金心侵尋」，七言律詩《春雪寄薩天錫使君》395 叶「林陰心吟」，七言律詩《次鄭以吾清明韻》395 叶「尋深心岑」，七言絕句《江頭春日》510 叶「金深林」，七言絕句《和宗儒縣尹見寄》513 叶「深心尋」，七言絕句《干彥明新築南湖過而愛之》524 叶「深吟心」，七言絕句《懷薩天錫使君》528 叶「吟林陰」，七言絕句《其二》550 叶「森深陰」，七言絕句《其二》553 叶「深沉金」，五言絕句《清音亭次雪庵和尚韻》449 叶「音心」，五言絕句《倪氏〈雨竹〉》451 叶「深林陰」，六言絕句《題〈鸞轉上林圖〉》456 叶「陰暗」，七言絕句《送蔡之卿之維揚》470 叶「心金」，七言絕句《題〈聚棗圖〉》471 叶「針深心」，七言絕句《寄張顏樂》474 叶「沉心吟」，七言絕句《其二〈四知圖〉》477 叶「金心」，七言絕句《老鶯》499 叶「金陰心」

七言絕句《其三》505 叶「禁陰深」，七言律詩《和陳輔賢見寄雁山韻》425 叶「尋深吟音心」，聯句《除夜宿……張仲舉》442～443 叶「深簪陰林霖沉衿森臨金參音嶔淫琴心斟檎尋禽侵侵衾吟欽參砧駸潯琳」

2. 侵、諄同用

七言律詩《送許參議上官中書》399 叶「春臨心陰深」

侵尋部獨用同用表

《廣韻》韻目	近體詩	古體詩
侵	29	10
侵　諄	1	
總　計	30	10

本部即《廣韻》侵韻系，《廣韻》規定侵韻獨用，李孝光詩韻計 40 個韻段。近體詩除侵韻借諄韻一例外，其餘均為侵韻獨用；古體詩侵獨用，未見與它韻合用，故在近體詩和聯句、古體詩中，侵均獨用為一部。

參，《廣韻》侵韻所今切，參星；又楚簪切，參差不齊貌；覃韻倉含切，參承、參觀也。聯句《除夜宿……張仲舉》442～443 叶「深簪陰林霖沉衿森臨金

參音欽淫琴心斟檎尋禽侵侵衾吟欽參砧駸潯琳」，原句分別為「畫壁斜窺月，瓊簷直轉參 1」，「勝遊歡不厭，後約慮多參 2」，揣摩詩意，「參 1」應取「參星」義，故音與「所今切」合；「參 2」應取「參差不齊，多種多樣」之意，音與「楚簪切」合。

三、真文部（近體詩真諄部、文雲部、元魂部）

（一）韻字

平聲痕韻——根|痕|恩

平聲魂韻——奔、盆、門||墩|論尊樽、村、孫蓀||昆、坤|昏、魂|溫

平聲欣韻——勤

平聲文韻——分、紛、文蚊聞||君、群|薰勳|雲芸沄

去聲問韻——訓

平聲真韻——濱賓、頻貧、民||鄰鱗粼麟|津、親、新||塵|真、嗔、神、身紳、晨臣|人仁||巾、垠|裀

去聲震韻——信訊迅||仞||印

平聲諄韻——淪輪|馴||春||鈞|勻

平聲元韻——　　[開口] 言

　　　　　　　　　[合口] 翻、繁樊||原|冤、垣

（二）韻譜

A. 古體詩、文

1. 真韻獨用

七言古詩《題鐵仙人琴書安樂窩》235～236 叶「人嗔」

文《送瞿慧夫上青龍鎮學官詩序》70 叶「神人民新親」

2. 文韻獨用

古樂府騷《效玉臺體二首》90 叶「雲君」，五言古體《雜詩其六》141 叶「聞芸雲君」，七言古詩《湖山八詠‧竹枝引泉》209 叶「君群」

3. 痕、魂同用

五言古體《題梅石為王集虛尊師書紙屏上》136 叶「門跟魂溫」，五言古體《達蕭仲威御史歸葬事》138 叶「恩門」，五言古體《夢先君二首其二》182 叶「恩魂」

4. 元、魂同用

四言古詩《有樊》124～125 叶「樊蕪繁」

5. 文、真同用

五言古體《華山有泉名沉碧》202 叶「薰雲垠蚊」

6. 真、諄同用

詞《滿庭芳‧壽雙峰覺上人》569 叶「神人春身巾麟親峋」

7. 文、真、震同用

古樂府騷《白翎雀》88 叶「雲信鱗」

8. 文、真、欣同用

五言古體《雜詩其九》142 叶「身鄰塵巾聞頻勤真勳仁」

9. 真、魂、諄同用

古樂府騷《南山有鳥》92 叶「塵馴門」

10. 阮韻獨用

四言古詩《岐山》120 叶「遠阪」

11. 震韻獨用

七言古詩《送詎上人出五臺而歸吳下，為予致訊天如禪伯》258 叶「迅訊
仞印」

12. 願韻獨用

古樂府騷《大星》94 叶「願怨」

13. 真、諄、文、侵同用

古樂府騷《白翎雀》88 叶「君心淪人臣麟」

14. 真、諄、覃、侵同用

古樂府騷《福源精舍》106 叶「深吟南心粼春」

15. 真、清同用

五言古體《寄憲使本齋王公》184 叶「濱城身」

16. 仙、勁、真同用

古樂府騷《行則有車送李德章侍尊父入京師》114 叶「船姓仁鄰」

17. 魂、問、侵、庚、映、青同用

四言古詩《嘉樹為鄭氏義門作》126～127叶「昆魂敬映淫侵庭青行庚訓問」

B. 近體詩

1. 真韻獨用

七言律詩《送伏回川長老遊京師》388叶「新人麟仁」，七言律詩《同楊明仲宿瑞唐寺》423叶「塵人真身」，七言絕句《竹林寺姚上人求月潭頌》515叶「塵人」，七言絕句《白衣送酒圖》522叶「真人」，七言絕句《題〈觀弈圖〉》546叶「神真人」，七言絕句《游艮岳》554叶「民貧人」，七言絕句《吳王納涼圖》554叶「民貧人」，五言絕句《松雪〈竹石〉》450叶「鄰人」，五言絕句《大布衣》455叶「身神新」，七言絕句《東古元端上人》484叶「新塵身」，七言絕句《辨妙明善蘇貼》493叶「神真」，七言絕句《題山谷〈遣姚青貼〉》493叶「仁人」

2. 魂韻獨用

七言律詩《登石頭城》328叶「墩尊魂昏坤」，七言絕句《懷薩使君天錫》487叶「門昏魂」，七言絕句《其三》488叶「樽論」

3. 文韻獨用

五言律詩《送達兼善僉事》275叶「群雲汸君」，五言律詩《冬至日用文字韻》277叶「文紛群雲」，五言律詩《用韻呈王真人》284叶「文分群雲」，五言律詩《馮秦卿藏書》291叶「文紛群雲」，七言律詩《讀陶隱居九錫文錄呈趙虛一真七》377叶「群聞君雲文」，七言律詩《其二》387叶「聞勳雲分君」，七言律詩《用群字韻寄伯雨尊師》388叶「群聞君雲文」，七言律詩《謝劉宗師江先生三用群字韻》388～389叶「群聞君雲文」，七言律詩《其二》411叶「曛雲」，七言絕句《題吳孟思八分書〈黃庭經〉後》547叶「軍群分」，七言絕句《趙汝甫枯木竹石卷》544叶「汸君雲」，七言絕句《觀鏡芬陀室》492叶「薰聞」

4. 元、魂同用

五言律詩《送王子安上淳安縣石峽書院長》275叶「門樽源淪」，五言律詩《次天錫題暢曾伯都事幽居二首其二》289叶「村門昏言」，七言律詩《其二》300叶「村門論尊言」，七言絕句《題梅》541叶「元魂繁」，七言絕句《擬西軒栽竹》474叶「園軒孫」

5. 元、痕同用

五言律詩《題元鎮畫〈古木寒林〉》288 叶「根繁言軒」

6. 真、諄同用

七言律詩《壽平章涼國公迂軒先生》332 叶「臣鈞麟晨椿」，七言律詩《冬至》341 叶「鈞晨春仁新」，七言律詩《喜雨次神字韻錄呈達兼善》353 叶「升塵神勻春」，七言律詩《其二》354 叶「升塵神勻春」，七言律詩《牡丹》360～361 叶「倫塵裀鄰春」，七言律詩《癸酉元日》394 叶「鈞麟升仁人」，七言絕句《紀夢中所賦》533 叶「銀輪」，五言排律《山陰縣學文會用杜詩分韻得春字》431 叶「人紳裀新春鄰」

7. 文、痕同用

七言律詩《雨後村行》379 叶「痕紛聞雲分」

8. 真、文同用

七言絕句《題劉萬戶用牛所藏馬圖》549 叶「神群雲」

9. 元、痕、魂同用

五言律詩《海邊別墅小酌主人》279 叶「繁源根論」，五言律詩《次天錫題暢曾伯都事幽居二首》288 叶「園尊根溫」，七言律詩《登鶴情超遼亭》389 叶「源垣根門盆」，七言律詩《橘隱為秦周卿題》427 叶「繁園尊根」

10. 真、諄、文同用

七言律詩《次國性庵韻送之入雁山》294 叶「雲瀕真春塵」

11. 真、諄、痕、魂同用

七言律詩《至九眼陡門》375 叶「津痕奔門春」

12. 真、侵同用

五言律詩《送人》271 叶「巾人深濱」

13. 真、寒同用

七言絕句《其二》475 叶「寒璘塵」

14. 魂、寒、元同用

七言律詩《賀梅》296 叶「乾寒門魂繁」

真文部（含近體詩真諄部）

真文部等獨用同用表

《廣韻》韻目	近體詩	古體詩和文
真	12	2
文	12	3
元		2
魂	3	
真　諄	8	
真　文	1	2
痕　文	1	
痕　魂		3
總　計	37	12

《廣韻》韻目	近體詩	古體詩和文
元　痕	1	
元　魂	5	1
元痕魂	4	
真諄文	1	
真諄魂		1
真文欣		1
真諄痕魂	1	
真　寒	1	
元魂寒	1	
總　計	14	3

《廣韻》韻目	古體詩
真諄文侵	1
真諄覃侵	1

真　清	1
真仙清	1
魂文侵庚青	1
總　計	5

《廣韻》規定真諄臻同用，文欣同用，元痕魂同用。李孝光詩韻近體詩諄未見獨用，真獨用 12 次，真諄同用 8 次，真諄合用為一部；文獨用 12 次，欣韻未見入韻例，文韻獨用為一部；魂韻獨用 3 次，元、痕未見獨用，三韻同用10 次，元魂痕合用為一部，真諄、文、元痕魂之間合用 4 次，約占總數 51 次的 7.8%，故真諄、文雲、元痕魂各自為一部；古體詩和文諄、欣、魂、痕未見獨用，真獨用 2 次，真諄同用 1 次，真諄同用；文獨用 3 次；元獨用 2 次，元痕魂同用 4 次，元痕魂同用，真諄、文欣、元痕魂之間合用 6 次，占七韻總數 20 次的 30%，故真諄文欣元魂痕合用為一部。

古體詩真文部包含《廣韻》真諄文欣元魂痕七韻，近體詩真諄部包含《廣韻》真諄兩韻。

近體詩文雲部

本部僅含《廣韻》文韻，李孝光詩韻文韻獨用 12 例，借痕韻、真韻各一例。

五言律詩《冬至日用文字韻》277 叶「文紛群雲」

七言律詩《雨後村行》379 叶「痕紛聞雲分」

七言絕句《題劉萬戶用牛所藏馬圖》549 叶「神群雲」

近體詩元魂部

本部包含《廣韻》元魂痕三韻，李孝光詩韻符合官韻功令 10 例，借真韻同時出諄韻一例，借同時出寒韻一例。

七言律詩《橘隱為秦周卿題》427 叶「繁園尊根」

七言律詩《至九眼陡門》375 叶「津痕奔門春」

七言律詩《賀梅》296 叶「乾寒門魂繁」

信、訓，信：《廣韻》震韻息晉切，忠信，又驗也，極也，用也，重也，誠也；訓：問韻許運切，誠也。古樂府騷《白翎雀》88 叶「雲信鱗」，原句作「相何肺腑，為漢舉信」；四言古詩《嘉樹為鄭氏義門作》126～127 叶「昆敬淫庭行訓」，原句作「凡有人家，用爾為訓」。均為去聲押入平聲現象。

四、寒先部

（一）韻字

平聲寒韻——丹單、彈壇|難、欄|殘||干竿玕、看|寒翰|安

上聲旱韻——澣

去聲翰韻——旦、歎、彈|粲、散||旰、岸|翰

平聲桓韻——盤蟠、瞞鬘||端、湍|巒欒鸞||冠、寬、岏|歡

上聲緩韻——短|纂||款

去聲換韻——漫||喚煥

平聲山韻—— [開口] 山||間艱|殷、閒

平聲刪韻—— [開口] 班、蠻||奸、顏

　　　　　　 [合口] 關|還環寰

上聲潸韻—— [開口] 板

去聲諫韻—— [開口] 澗、雁

　　　　　　 [合口] 患

平聲元韻—— [開口] 言

　　　　　　 [合口] 翻、繁樊||原|冤、垣

上聲阮韻—— [合口] 阪||遠

去聲願韻——願|怨

平聲仙韻—— [開口] 鞭、篇翩、便、綿||錢、仙鮮、涎||羶膻、禪|然||愆|蜒筵

　　　　　　 [合口] 聯|全泉荃、宣||傳|川、船||權顴|圓、捐緣鳶

上聲獮韻—— [開口] 善||衍

去聲線韻—— [開口] 餞||線||扇

平聲先韻—— [開口] 邊、眠||顛、天、田|年、蓮憐|前、先||肩、牽纖、妍|賢弦舷|煙

　　　　　　 [合口] 玄懸

上聲銑韻—— [合口] 鉉

（二）韻譜

A. 古體詩、文

1. 寒韻獨用

五言古體《古詩其五》175 叶「干難彈安」

2. 桓韻獨用

七言古詩《送詎上人出五臺而歸吳下，為予致訊天如禪伯》258 叶「巒岏盤蟠」

3. 先韻獨用

五言古體《寄憲使本齋王公》184 叶「天顛」，七言古詩《湖山八詠・本簹蔽日》210 叶「憐前」，七言古詩《茅山謠送鄧上人》234 叶「蓮天懸」，七言古詩《宿雁山下作瀑布詩寄徐仲禮》223 叶「蓮聯天鞭」，七言古詩《茅山謠送鄧上人》234～235 叶「仙前篇」

4. 寒、桓同用

五言古體《雜詩其十》142～143 叶「端殘寒難」

5. 寒、先同用

古樂府騷《蓮叶何田田》85 叶「田難」

6. 先、仙同用

七言古詩《題鐵仙人琴書安樂窩》235～236 叶「仙年」，七言古詩《北風寄陳輔賢》256 叶「船然舷天」，古樂府騷《大星》94 叶「船憐」，古樂府騷《成相歌》93 叶「天捐泉」，詞《鷓鴣天・壽鮑》566 叶「然仙妍天」

7. 先、元同用

五言古體《中園》178 叶「妍賢言憐」，四言古詩《東里》126 叶「垣田」

8. 仙、元同用

四言古詩《嘉樹為鄭氏義門作》126～127 叶「原綿」

9. 仙、桓同用

五言古體《夢先君二首其二》182 叶「緣歡盤」

10. 山、元同用

四言古詩《原田》121～122 叶「原山」

11. 山、刪同用

四言古詩《東山》125 叶「山還間」

12. 寒、桓、元同用

五言古體《雙竹詩卷》135～136 叶「竿寒翻蟠」

13. 先、仙、桓同用

五言古體《贈徐仲禮》169 叶「顛煙天盤眠鮮蓮姸涎仙然翩年」

14. 山、刪、桓同用

詞《水調歌頭‧題干彥明新居》562 叶「山顏寰間閒訕斑盤」

詞《又和前韻》563 叶「山顏寰間閒訕斑盤」

15. 先、仙、桓、山同用

七言古詩《送達兼善典檢》231 叶「天船煙姸鞭山言寬錢前憐懸賢弦鮮田年圓」

16. 先、仙、寒、山同用

古樂府騷《雙松圖》104 叶「蜒山全年寒捐荃」

17. 先、仙、山、刪、寒、桓同用

五言古體《東鄰有佳士壽干彥明》150 叶「先偏年全寬安姸邊鮮眠間賢顏」

18. 阮、獮同用

四言古詩《有翼》118 叶「遠善衍」

19. 翰韻獨用

五言古體《與范子澤其二》178 叶「翰旦歎散」

20. 線韻獨用

古樂府騷《春草謠為華彥清作》96 叶「線扇」

21. 翰、換同用

古樂府騷《福源精舍》106 叶「煥岸粲殫旰」

22. 線、諫、換同用

古樂府騷《雲之陽送人之兄代之》114 叶「雁喚飰澗」

23. 緩、旱同用

五言古體《招張子約》136 叶「纂短款潬」

24. 獮、仙同用

四言古詩《河流為陽君錫作》119～120 叶「善愆」

25. 山、刪、諫同用

五言古體《登雞籠山》204 叶「關山患間」

26. 寒、仙、換、先同用

古樂府騷《有車送韓從事行縣》103 叶「漫川安顛」

27. 桓、寒、刪、山、濟、翰同用

七言古詩《題周耕雲為蕭元泰畫〈龍虎仙岩圖〉》236～237 叶「寰間壇板玕山鬟欒丹翰寒湍看鸞」

28. 山、元、真同用

古樂府騷《有車送韓從事行縣》103 叶「人艱民言」

29. 先、仙、真、元同用

古樂府騷《白翎雀》88 叶「人賢天年前垣仙年」

30. 阮、銑、濟、仙、混同用

古樂府騷《行則有車送李德章侍尊父入京師》114 叶「川仙阪濟本混鈜銑愆仙遠阮」

B. 近體詩

1. 寒韻獨用

七言律詩《冬觀桂花》368 叶「玕干寒欄看」

七言絕句《次梁有章韻》524 叶「寒干彈」

2. 山韻獨用

七言絕句《其二》489 叶「間山」，七言絕句《其五》497 叶「閒山」，七言絕句《次……馮秦卿》500 叶「閒山」

3. 先韻獨用

七言律詩《送王憲使》302 叶「前妍懸弦」，七言絕句《示郭奇童》542～543 叶「天賢」，七言絕句《石門觀瀑》464 叶「天前年」，七言絕句《春風狂甚漫成》468 叶「顛天年」，七言絕句《希夷子睡圖》501 叶「顛天年」

4. 寒、桓同用

五言律詩《久客寄劉宏度》263 叶「歡單干干」，七言律詩《與郝萬戶》361 叶「冠翰寒看干」，七言律詩《三益堂芙蓉》367 叶「闌寒盤看」，七言律詩《真濟寺》423 叶「盤壇寒殘鸞」，七言絕句《次茂禪師寬字韻為鑒上人題蒙古御使〈墨竹〉》516 叶「寬竿鸞」

5. 先、仙同用

五言律詩《挽朱西隱》263 叶「然傳賢妍」，五言律詩《送公子趙去疾二
首其二》291 叶「川船懸憐」，七言律詩《泊舟姑蘇臺下二首》302 叶「然年邊
妍煙」，七言律詩《入三茅山夜宿白雲觀贈沉紫雲》320 叶「然天眠年仙」，七
言律詩《為范以善賦雲林清遠館》324 叶「然蜒煙天仙」，七言律詩《鄱江寺擁
翠樓》330 叶「天前甗懸宣」，七言律詩《謝轉運羊官張公口號》333 叶「邊賢
先膻」，七言律詩《鶴》336 叶「年泉圓眠仙」，七言律詩《避風龍潭五日登岸
即事》340 叶「眠田鳶船」，七言律詩《送國侍者》346～347 叶「弦年傳天然」，
七言律詩《舟中上趙相國二首》347 叶「川然船邊傳」，七言律詩《正月十四日
夜宿巢縣》349 叶「年綿泉船宣」，七言律詩《送客》385 叶「船煙圓妍亭」，
七言律詩《吳宗師閒閒詩卷》385 叶「煙眠天仙筵」，七言律詩《自壽》391 叶
「顴仙天賢全」，七言律詩《送古淡上人用張仲舉韻》398 叶「天禪蓮年」，七
言律詩《次仲舉韻送亭上人》404 叶「船天禪蓮年」，七言律詩《越鄉次舊韻》
413 叶「船鞭天年篇」，七言律詩《送陳杏林赴潮州醫學教授》420 叶「船年田
鮮篇」，七言絕句《次焦守贈天台老人韻》512 叶「田肩然」，七言絕句《觀駕
堊船用文公韻》530 叶「船川煙」，七言絕句《過賈元宅》544 叶「綿邊」，七
言絕句《舟過吳口》548 叶「蓮船年」，七言絕句《題竹》551 叶「然娟眠」，
五言絕句《鰻井》455 叶「泉眠年」，七言絕句《送李仲羽歸江東因寄伯循御
使》467 叶「煙船天」，七言絕句《九霞聽松圖》483 叶「年泉眠」，七言絕句
《其三》491 叶「船牽」，七言絕句《華山圖》494 叶「年煙仙」，七言絕句《其
二》494 叶「仙田天」

6. 山韻、寒韻

五言律詩《次虞學士韻》272 叶「閒間山珊」

7. 山、刪同用

七言律詩《寄王真人》295～296 叶「班山殷間頑」，七言律詩《送堅上人
還雲門》407 叶「間斑還山顏」，七言絕句《書岳法師屏》509 叶「還山」，七
言絕句《送江陰天壽觀吳清隱提點》513 叶「山間還」，七言絕句《題放翁詩
後》514 叶「還山」，七言絕句《送宋武臣尉安慶之桐城》539 叶「還山」，七
言絕句《簫臺明月》460 叶「環閒還」，七言絕句《六月初十日……秋》463 叶
「環蠻間」，七言絕句《宿緱山侯氏宅》471 叶「還山」

8. 元、先、仙同用

七言律詩《過口口墓》329～330 叶「原川賢煙然」

七言絕句《寄朱希彥》486 叶「年元船」

9. 寒、桓、刪同用

七言律詩《松風閣》350 叶「寰寬寒殘幹」

10. 寒、山、桓同用

七言律詩《詠棋》370 叶「間端安瞞看」

11. 仙、先、寒同用

七言律詩《題梅仲蕃深淨亭》376 叶「玕圓仙船天」

12. 山、刪、寒同用

七言絕句《偶書所感》474 叶「難關山」，七言絕句《贈胡仲賓》476 叶「單還山」

13. 寒、桓、刪、山同用

七言律詩《聞詔赦因次王繼學大參聽詔韻》386 叶「間奸歡開還」

14. 先、仙、桓、刪同用

聯句《丹岩聯句》447 叶「巔連堅煙鮮觀泉騫鉛圜傳仙」

寒先部獨用同用表

《廣韻》韻目	近體詩	古體詩
寒	2	2
桓		1
山	3	
先	5	5
仙		2
寒　桓	5	3
先　仙	30	5
寒　先		1

刪　山	9	2
寒　山	1	
總　計	55	21

《廣韻》韻目	近體詩	古體詩
元　仙		2
元　山		1
元寒桓		1
桓先仙		3
桓刪山		2
桓刪先仙	1	
寒桓山	1	
寒桓刪	1	
寒刪山	2	
寒先仙	1	
總　計	5	11

《廣韻》韻目	古體詩
桓刪仙	1
寒先仙山	1
寒桓先仙	1
寒桓刪山仙	1
寒桓刪先仙	1
山元真	1
先仙元真	1
先仙元刪魂	1
總　計	8

《廣韻》規定寒桓同用、刪山同用、先仙同用。李孝光詩韻近體詩桓未見獨用，與寒同用 5 次，寒桓同用；刪未見獨用，與山同用 9 次，刪山同用；仙未見獨用，與先同用 30 次，先仙同用；寒桓、刪山、先仙之間合用 7 次，約占總數 60 次的 11.7%，故寒桓、刪山、先仙合用為一部。古體詩寒桓獨用 3 次，同用 3 次，寒桓同用；刪山未見獨用，同用 2 次，刪山同用；先仙獨用 7 次，同用 5 次，先仙同用；寒桓、刪山、先仙之間合用 12 次，占總數 40 次的 30%，鑒於此，寒桓、刪山、先仙合用為一部。

翰，《廣韻》胡安切，天雞，羽有五色；侯旰切，鳥羽也，高飛也，亦詞翰；《王三》胡安反，飛；又胡旦反，鳥毛。五言古體《與范子澤其二》178 叶「翰旦歎散」，原句作「夷吾菁茅謀，仲父四方翰」，應為「輔翼」之意，《詩‧大雅‧崧高》「維申及甫，維周之翰」。依義當由去聲發展而來。七言古詩《題周耕雲為蕭元泰畫〈龍虎仙巖圖〉》236～237 叶「寰間壇板玕山䰋攣丹翰寒湍看鸞」，原句作「欲求刀圭已衰疾，羽人去我如飛翰」，依義當取平聲；七言律詩《與郝萬戶》361 叶「冠翰寒看干」，原句作「貂禪奕葉舊衣冠，玉雪精神鳳羽翰」，依義亦當取平聲。

患、漫，二字依《廣韻》只讀去聲。「患」音胡慣切（諫韻），「漫」音莫半切（換韻）。就現有詩韻材料考察而言，唐詩中二字押平去二聲，宋代福建詩人亦然（劉曉南 1999）。李孝光詩韻中有兩次分別押入平聲的用例，列舉如下：
　　五言古體《登雞籠山》204 叶「關山患間」
　　古樂府騷《有車送韓從事行縣》103 叶「漫川安顛」

患、漫二字《集韻》分別增加平聲刪韻胡官切、桓韻謨官切。《中原音韻》「患」字則只收去聲一讀，桓歡部「漫」則平去兩收。考《中州音韻》、《中原雅音》、《蒙古字韻》，「患」字都只有去聲一音，故劉曉南（1999）「『患』字專讀去聲年代不會早於元代」。「漫」字入韻基本上以重疊的形式「漫漫」出現，這在（劉曉南 1999）[三〇]、（丁治民 2006）[三一] 中均有論述。通過李孝光兩例詩韻的探討，我們更證明了上述兩位先生的論述，李孝光「漫」字入韻例詩句為「有車兮涉遠，大川當前兮漫漫，吾所弗濟兮有如茲川。」

《廣韻》元痕魂三韻在李孝光詩韻中的分合關係是：近體詩中基本上自成一部，古體詩和文中元歸於山攝。這表明在通語裏元與痕魂相近（功令規定如此），而在元代溫州地區方音裏元與山攝相近。為進一步說明三韻之間的關係，現將它們在近體詩、古體詩和文中自叶和通押的情況列表於下：

表一：元痕魂在近體詩中用韻概況

《廣韻》韻目	次　數
魂	3
元　痕	1
元　魂	5
元痕魂	4
元魂寒	1
真諄痕魂	1
總　計	15

表二：元痕魂在古體詩和文中與臻攝關係概況

《廣韻》韻目	次　數
元	2
元　魂	1
痕　魂	3
真諄魂	1
魂文侵庚青	1
總　計	8

表三：元痕魂三韻在古體詩和文中與山攝關係概況

《廣韻》韻目	次　數
元　先	2
元　仙	2
元　山	1
元寒桓	1
元山真	1
元先仙真	1
元先仙刪魂	1
總　計	9

我們應注意到，李孝光詩文用韻中，由於元韻的介引，真文部除痕魂之外以及寒先部除先仙之外，多有相混的現象。這也印證了儲泰松（2005）的結論：「元痕魂同用源自南方通語，繼而進入北方通語，並在唐初成為用韻標準。」[三二] 南方通語是南方方言的一個代表性反映，元代樂清方音中還有這種現象的留存。

另外，李孝光詩痕魂押韻 3 次，元韻獨用 2 次，這說明在樂清方音中，可能存在元韻曾經獨立的過程。魯國堯先生（1986）通過對元遺山詩詞曲韻的考證，並結合歷來元韻從中古到近代的運動軌跡：魂痕元（《廣韻》）→先仙元（《中原音韻》），得出如下的元韻發展過程：魂痕元→元→先仙元，這是北方語音的一種反映 [三三]，而在南方樂清方音中，我們也發現了這樣的例證，這可能是詩人實際語音的反映，同時也印證了魯先生的話是正確的。

五、江陽部（近體詩析為陽唐部和江雙部）

（一）韻字

平聲陽韻——[開口] 良涼梁|漿、牆、翔祥||長腸|莊、床、霜|彰章璋、昌、商觴傷、嘗償裳|禳驤||強|鄉香|央殃鴦、羊洋陽揚

[合口] 方芳魴、坊房防、芒||狂

上聲養韻——[開口] 響

去聲漾韻——[開口] 恙

[合口] 忘

平聲唐韻——[開口] 滂、旁傍、忙||襠、湯、堂唐|囊、郎浪|蒼、藏、桑||岡|行航|鴦

[合口] 光|荒、黃皇隍潢凰

去聲宕韻——[開口] 抗

平聲江韻——龐、胮哤尨||瀧||戇、撞幢|窗摐、雙艭攪艭||江扛矼釭、腔跫|降缸

（二）韻譜

A. 古體詩、文

1. 陽韻獨用

七言古詩《湖山八詠·沙頭酒店》206 叶「鴦嘗腸」

七言古詩《送陳君禮之婺女兼寄徐仲禮》251 叶「強長良香」

2. 唐韻獨用

七言古詩《寄友人》218～219 叶「行荒」

3. 江韻獨用

五言古體《書邱老先生詩軸送蔡石雲縣正》195 叶「扛窗幢艭朧腔降憃摐曨雙撞矼江」

4. 陽、唐同用

七言古詩《歙硯歌》246 叶「光藏房」，古樂府騷《一車南》81 叶「黃涼」，古樂府騷《沂有梁》110 叶「魴桑良翔陽」，古樂府騷《雲之陽送人之兄代之》114 叶「行翔囊航」，四言古詩《河流為陽君錫作》119～120 叶「洋魴光」，四言古詩《岐山》120 叶「桑傷」，七言古詩《湖山八詠・龜嶼迎潮》210 叶「光陽長章旁」，七言古詩《墨竹》218 叶「香岡涼觴長」，七言古詩《歙硯歌》246 叶「堂章芒鄉」，七言古詩《和陳叔夏章字韻詩送此山師》249 叶「陽章藏」

5. 陽、唐、漾同用

古樂府騷《蓮花障》105 叶「光忘長」，四言古詩《有翼》118 叶「忘光防」，五言古體《雜詩其四》140 叶「陽蒼長光章腸芒忘」，古樂府騷《柬干彥明》113 叶「陽梁忘傷」

6. 陽、唐、江、東、庚同用

五言古體《天台謠送人還山》147 叶「桑唐芒唐通東旁唐羊陽蒼唐裳陽潢唐方陽芳陽窗江章陽狂陽霜陽光唐宮東生庚笙庚」

7. 陽、唐、江、東、庚、清同用

五言古體《謝山人詩卷為鶴陽外祖題》170 叶「傍唐唐唐長陽窗江昌陽霜陽章陽揚陽明庚江江厖江笙庚鳴庚荒唐盲庚光唐滂唐成清宮東」

8. 陽、唐、江、東、鍾、庚、蒸、養、漾、宕同用

五言古體《韓別駕舊宅》158 叶「坊陽祥陽冰蒸藏唐叢東幢江蓬鍾忙唐禳陽傍唐方陽風東抗宕蒙東隍唐牆陽堂唐兄庚功東躬東生庚平庚床陽中東恙漾良陽恒庚償陽揚陽響養殃陽彰陽空東璋陽漿陽香陽皇唐昌陽慶映強陽」

B. 近體詩

1. 陽韻獨用

七言律詩《天香閣》298 叶「香床漿央霜」，七言律詩《次韻送叔夏》314

叶「香商涼觴長」，七言律詩《和王修竹時思庵韻》317 叶「強霜長鄉」，七言律詩《和王修竹時思庵韻其二》317 叶「強霜長鄉」，七言律詩《題崇禧宮道士蘇仲簡梅石自號卷》391 叶「漿香方床」，七言絕句《八馬》512 叶「良驥」，七言絕句《題蘭》543 叶「香腸」，七言絕句《謝人送鹽》485 叶「腸香長」

2. 唐韻獨用

七言絕句《用志能臺郎韻寄薩……臺令史》517 叶「郎浪」

3. 江韻獨用

七言律詩《副提舉陳眾仲乘傳如臨川，為江浙行中書請起學士虞伯生校文，賦詩送之》402 叶「扛江窗雙」，七言絕句《宿棗樹灣》509 叶「矼江窗」，七言絕句《其二》517 叶「撞江」，七言絕句《磅澤南州遊四明》525 叶「窗雙」，七言絕句《其三》536 叶「窗江」，七言絕句《其二》470 叶「江窗」，七言絕句《次薩使尹天錫韻》480 叶「江窗」，聯句《燈花聯句》441～442 叶「摐釭雙鬷攪幢缸翹窗窻江哤」

4. 唐、陽同用

五言律詩《江心寺贈唐博士》264～265 叶「航唐光香涼」，五言律詩《何處難忘酒》289 叶「傷鄉行強」，七言律詩《其二》303 叶「慷泱黃湯長」，七言律詩《冶城飛龍亭詩卷》304 叶「牆皇凰香長」，七言律詩《送青元觀陳道士玉泉》307 叶「光漿廊裳」，七言律詩《置磁瓶……賦詩云》320 叶「涼潢香光床」，七言律詩《金青叔為其友人某求夏梅岡挽詩》329 叶「塘亡香行腸」，七言律詩《春暉堂》338～339 叶「強堂香長裳」，七言律詩《為陳師賦喜白髮之什》340 叶「浪長郎狂」，七言律詩《其二》348 叶「陽凰浪光」，七言律詩《十六日宿蕪湖縣》353 叶「蒼黃鄉光」，七言律詩《客孤山》355 叶「香湯黃狂涼」，七言律詩《秋張顏樂秋夜聞蛩》356 叶「涼腸商香黃」，七言律詩《其二》356 叶「涼腸商香黃」，七言律詩《戲柬王季行》372 叶「莊揚皇香長」，七言律詩《十里》381 叶「莊航涼長蒼」，七言律詩《次王彥謙韻》399～400 叶「房凰香陽」，七言律詩《郊禮慶成》421～422 叶「皇常章黃黨」，七言絕句《書所見》510 叶「黃涼香」，七言絕句《其二》513 叶「強漿忙」，七言絕句《其三》530 叶「蒼梁」，七言絕句《其二》532 叶「方襠」，七言絕句《題柯博士〈墨竹〉》559 叶「香蒼凰」

5. 養、蕩、陽、唐同用

聯句《望鍾山聯句》443～444 叶「往靫網枉嵓蔣賞仰響丈敞兩上壤榜蠻想蕩魍廣掌養獎漿氅輞杖仿庠長強紡磉曩蒼棒爽朗滉慷」

江陽部（含近體詩陽唐部）

江陽部等獨用同用表

《廣韻》韻目	近體詩	古體詩
陽	8	2
唐	1	1
江	8	1
陽 唐	24	10
陽唐江東庚		1
陽唐江東鍾庚蒸		1
陽唐江東庚清		1
總 計	41	17

《廣韻》規定陽唐同用，江韻獨用。李孝光詩韻近體詩陽唐獨用 9 次，同用 24 次，陽唐同用為一部，江韻獨用 8 次，未見與陽唐合用，故江韻獨用為一部；古體詩陽唐獨用 3 次，同用 10 次，陽唐同用，江韻獨用 1 次，與陽唐合用 3 次，約占總數 17 次的 17.6%，故陽唐、江合用為一部。

古體詩江陽部包含《廣韻》陽唐江三韻，江韻在齊梁以前多與東鍾相押，齊梁以後，多與陽唐相押（儲泰松 2005）[三四]。近體詩陽唐部包含《廣韻》陽唐兩韻。

忘，《廣韻》漾韻巫放切，遺忘，又音亡。《廣韻》平聲陽韻亡小韻下周祖謨先生據又音校補，故宮本王韻及敦煌本王韻都是平去兼收。《中原音韻》江陽韻平去兩收。古樂府騷《蓮花障》105 叶「光忘長」，原句「眉壽而和樂兮，俾民弗忘」；四言古詩《有翼》118 叶「忘光防」，原句「大哉皇仁，武備弗忘」；五言古體《雜詩其四》140 叶「陽蒼長光章腸芒忘」，原句「舉世無此樂，樂哉不可忘」；古樂府騷《柬干彥明》113 叶「陽梁忘傷」，原句為「乃心嚮往兮弗忘」。忘，《集韻》平去兩收。「忘」字在隋詩中只押平聲（李榮 1982）。唐詩則

平、去兼押。故宮本王韻及敦煌本王韻均平、去兼收。劉曉南（1999）「宋代福建文士用韻「忘」字押平聲。」[三五]《中原音韻》平、去兩收。李孝光詩韻則只押平聲。現代漢語南方方言多讀平聲，北音多讀去聲。

浪，《廣韻》唐韻魯當切，滄浪水名；宕韻來宕切。波浪、譴浪、游浪。七言律詩《為陳師賦喜白發之什》340 叶「浪長郎狂」，原句作「畎畝平生足憂患，愛將短發照滄浪」；七言律詩《其二》348 叶「陽凰浪光」，原句作「豈敢狂吟驚坐客，猶將短發照滄浪」；七言絕句《用志能臺郎韻寄薩……臺令史》517 叶「郎浪」，原句為「群公幸自在霄漢，小子且可歌滄浪」，音義均與「平聲魯當切」合。張令吾（2000）「宋代江浙詩用韻，『浪』在『滄浪、淋浪、蒼浪』等詞中以平聲入韻，『滄浪』一詞入韻極多」[三六]，元代樂清李孝光詩韻中仍較多地留存並體現著這一詩韻現象。

近體詩江雙部

本部即《廣韻》江韻系，江韻字用為韻腳的少見，近體詩七例，多人聯句一例。

矓，《廣韻》未收，考江韻「眵」，莫江切，目不明。五言古體《書邱老先生詩軸送蔡石雲縣正》195 叶「扛窗幢艭龐腔降愨摐矓雙撞矼江」，原句作「歉我髓未洗，搗藥開昏矓」，依音義應據改為「眵」。

缸，《廣韻》江韻下江切，瓦缸；聯句《燈花聯句》441～442 叶「摐缸雙鬔摉幢缸矱窗登江眵」，原句為「的的含青鏡，淫淫颭玉缸」，於義不通。考江韻「矼」，古雙切，玉名，又音工。義通，音協，應以據改。

降、撞，《廣韻》分別有平、去二讀：降，江韻下江切，降伏，絳韻古巷切，下也，歸也，落也；撞，江韻宅江切，撞突也，絳韻直絳切，撞鐘。五言古體《書邱老先生詩軸送蔡石雲縣正》195 叶「扛窗幢艭龐腔降愨摐矓雙撞矼江」，原句分別為「而我來問道，心拜氣伏降」、「歸來疑夢寐，恍恍心如撞」，七言絕句《其二》517 叶「撞江」，原句作「夢驅棹郎發船去，兩弦咸與蛟龍撞」，音義均與平聲合。

六、庚蒸部

（一）韻字

平聲蒸韻——［開口］冰、憑‖‖陵凌‖‖稱、繩澠塍、升勝、烝｜仍‖矜｜興‖‖鷹、蠅

平聲登韻——［開口］朋‖|登燈、騰藤滕|能|薯增矰、層、僧

　　　　　　［合口］肱|宏

平聲庚韻——［二等開口］萌‖|生笙‖|更|行

　　　　　　［二等合口］橫

　　　　　　［三等開口］兵、平、明鳴盟‖|京驚荊、迎

　　　　　　［三等合口］榮

上聲梗韻——［三等開口］影

去聲映韻——［三等開口］柄怲、病、命‖|敬鏡|映

　　　　　　［三等合口］泳

平聲耕韻——［開口］耕|莖|鸎嚶

去聲諍韻——［開口］迸

平聲清韻——［開口］并、名‖|清、情晴‖|程|徵、聲、成城‖|輕|盈

　　　　　　［合口］傾

上聲靜韻——［開口］領|井

去聲勁韻——［開口］令|請‖|政、盛

平聲青韻——［開口］瓶屏萍、暝冥‖|聽、亭庭|寧、靈翎齡苓瓴陵舲零|青、星腥

　　　　　　［合口］螢熒

（二）韻譜

A. 古體詩、文

1. 庚韻獨用

四言古詩《東山》125 叶「行生生」

四言古詩《嘉樹為鄭氏義門作》126～127 叶「行明」

2. 清韻獨用

七言古詩《和薩郎中秋日海棠韻》221 叶「情輕城」

3. 青韻獨用

五言古體《送心非鏡上人且寄銘師其二》190～191 叶「冥零青亭螢」

4. 庚、清同用

古樂府騷《送且迎》86 叶「明行情」，古樂府騷《效玉臺體二首》91 叶「城行」，古樂府騷《雲之陽送人之兄代之》114 叶「榮情迎」，五言古體《和天錫

郎中城字韻》137 叶「城生明傾」，五言古體《雜詩》139 叶「清明並成名生」，五言古體《與范子澤》179 叶「徵生清情」，七言古詩《十五夜泊舟諸幾》257 叶「笙城生聲」，古樂府騷《隴頭水》89～90 叶「鳴聲」

5. 蒸、登同用

五言古體《讀〈韓信傳〉因和李白〈贈新平少年〉韻》143 叶「鷹能凌憑興稱仍冰矜鷹」

6. 青、淸、庚同用

五言古體《送武星景耀隨伯氏之金華》183 叶「聲青行」

7. 蒸、登、耕同用

五言古體《送段仲鞏之京師赴奎章典書》186～187 叶「興凌肱能升登繩朋宏冰烝騰增縢勝燈稱澠」

8. 青、淸、庚、蒸同用

詞《沁園春·壽姬嚴》568～569 叶「嶸聲城仍誠輕青星」

9. 庚、陽同用

古樂府騷《蓮葉何田田》85 叶「央生」

10. 梗、靜同用

七言古詩《茅山謠送鄧上人》234～235 叶「影井」

11. 靜、青同用

古樂府騷《送且迎》86 叶「暝井領」

12. 映韻獨用

四言古詩《有樊》124～125 叶「病命」

13. 映、勁同用

四言古詩《有翼》118 叶「令病政」

14. 映、勁、諍、徑同用

五言古體《送觀志能分韻得更字》188 叶「柄橫請盛鏡恆更迸命聽映詠」

15. 庚、耕、淸、真同用

五言古體《贈林泉生兄弟》193 叶「徵情行傾人嚶身鶯」

16. 庚、耕、青、文同用

文《洞神宮青溪堂記》51 叶「生萌京文星君」

17. 庚、東、陽、唐同用

五言古體《贈岳仲遠》180～181 叶「長中明鳴荒平」

18. 蒸、登、清、真同用

古樂府騷《擇木為妻索性作》107 叶「陵繒名仁」

19. 映、真同用

四言古詩《河流為陽君錫作》119～120 叶「敬仁」

B. 近體詩

1. 庚韻獨用

七言絕句《其二》511 叶「生鳴」，七言絕句《其二》537 叶「驚行」，七言絕句《正月戊子夜大雨》470 叶「生更」

2. 清韻獨用

七言絕句《題森綠堂》519～520 叶「盈聲」，七言絕句《次張義侍郎思親韻》529 叶「程城情」，七言絕句《道上》534 叶「晴城」，七言絕句《春風》464 叶「晴成聲」

3. 青韻獨用

五言律詩《挽戴春澗其二》264 叶「青星翎銘」，五言律詩《同徐仲禮、劉方存在雁山作》266 叶「冥醒腥星」，五言律詩《代友人送干彥明之鄞》267 叶「腥亭靈螢」，五言律詩《送郭仲芳》271 叶「萍亭瓶螢」，五言律詩《次相國魯公〈鍾山〉韻》279～280 叶「靈形翎星」，五言律詩《送人》281 叶「星舲令瓶」，七言律詩《寄玉虛劉宗師用趙涼公石亭韻》321 叶「庭亭屏醒形」，七言律詩《用前韻寄張尊師》322 叶「零亭屏醒形」，七言絕句《其二》540 叶「經亭」，七言絕句《題朱澤民畫》558 叶「青屏」，七言絕句《白鶴晨鐘》460 叶「冥星醒」，七言絕句《送人》480 叶「青萍亭」，七言絕句《其三》489 叶「苓青屏」

4. 青、清同用

五言律詩《匡濟》274 叶「情生平名」，七言絕句《柳橋漁唱》551 叶「青城聲」

5. 庚、清同用

七言律詩《次黃蕙卿韻》305 叶「荊明盟情名」，七言律詩《登平山堂故址》318 叶「行城盟橫」，七言律詩《其二》396 叶「名生輕聲」，七言律詩《丙子泛舟登奧》416 叶「荊生聲橫城」，七言絕句《其二》520 叶「生城」，七言絕句《送馮秦卿》537 叶「兵聲」，七言絕句《其二》542 叶「名生鳴」，七言絕句《次韻薩使君雜詠》547 叶「情笙鎗」，五言絕句《應天塔》454 叶「名撐」，七言絕句《白髮》462 叶「聲情生」，七言絕句《李遵道山水便面為董仲證題》482 叶「清笙」，七言絕句《過王貞婦廟》485 叶「清情行」，七言絕句《題敬仲〈古木〉》492 叶「生聲」，七言絕句《四月二……南》501 叶「生情」，七言律詩《雲峰臺望月送張仲舉至秦郵驛》424 叶「行更鳴瀛」

6. 清、耕同用

七言律詩《代送人》316 叶「情名城耕」

7. 庚、青同用

七言絕句《送王叔載上慈谿教》539 叶「寧生明」

8. 青、登同用

七言絕句《張顏樂詩集後》479 叶「庭燈聽」

五言律詩《寄夏友伯》279 叶「瓶燈僧罾」

9. 青、蒸同用

七言絕句《西岑松雪》462 叶「蠅熒苓」

10. 登、蒸同用

七言律詩《和蔡石雲縣尉登西岑》294 叶「藤僧燈升」

七言絕句《其二》481 叶「罾陵」

11. 庚、清、青同用

七言律詩《次韻薛公三衢石橋》305 叶「冥京平名生」，七言律詩《次韻薛公三衢石橋其二》306 叶「冥京平名生」，七言律詩《次韻薛公三衢石橋其三》306 叶「冥京平名生」，七言律詩《徐尊師壽父母詩卷》390～391 叶「齡生名清城」，七言律詩《樂成》414 叶「聽晴青行亭」，七言絕句《瓊花觀》538 叶「星城行」，七言絕句《其二》502 叶「青鳴聲」

12. 庚、耕、清同用

七言律詩《送劉起宗御使內除》318 叶「榮成萃平」

13. 登、蒸、清同用

七言律詩《白沙早程》413～414 叶「程登燈塍層」

庚蒸部獨用同用表

《廣韻》韻目	近體詩	古體詩和文
庚	3	3
清	4	1
青	13	1
庚　清	15	8
庚　青	1	1
耕　清	1	1
清　青	2	
庚清青	7	1
庚耕清	1	
蒸　登	2	1
青　蒸	1	
青　登	2	
總　計	52	17

《廣韻》韻目	近體詩	古體詩和文
蒸登耕		1
蒸登清	1	
庚清青蒸		1
庚耕青真		1
庚耕青文		1
蒸登清真		1
庚　真		1
庚　陽		1
庚陽唐東		1
總　計	1	8

本部包含《廣韻》庚耕清青蒸登六韻，《廣韻》規定庚耕清同用，青韻獨用，蒸登同用。李孝光詩韻近體詩庚、清獨用 7 次，同用 15 次，庚清同用，耕未見獨用，與庚清同用 2 次，庚耕清同用，青獨用 13 次，與庚耕清合用 10 次，約占四韻總數 47 次 21.3%，故庚耕清青合用，蒸、登未見獨用，同用 2 次，蒸登同用，蒸登與庚耕清青合用 4 次，約占六韻總數 53 次的 7.5%，比例雖不足 10%，但蒸登同用僅 2 次，故蒸登庚耕清青合用為一部。古體詩和文庚、清獨用 4 次，同用 8 次，庚清同用，耕未見獨用，與庚清同用 1 次，庚耕清同用，青獨用 1 次，與庚耕清合用 2 次，占四韻總數 16 次的 12.5%，庚耕清青合用；蒸、登未見獨用，同用 1 次，蒸登同用；蒸登與庚耕清青合用 3 次，占六韻總數 25 次的 12.0%，鑒於此，蒸登庚耕清青合用為一部。

宏，五言古體《送段仲翚之京師赴奎章典書》186～187 叶「興凌肱能升登繩朋宏冰烝騰增滕勝燈稱澠」，顯然是有意僅押登韻和蒸韻字，但還是夾入了耕韻的「宏」，原句作「長材皆董賈，涕唾錯與宏」，陳增傑注：董賈，指董仲舒、賈誼；錯與宏，指晁錯、公孫弘，皆西漢大臣。唐黃滔《祭先外舅》：「於是涕唾聲華，毫釐簪笏。」二句言奎章閣英才濟濟。考《廣韻》登韻「弘」，胡肱切，大也。耕韻「宏」，戶萌切，大也。公孫弘本名「弘」，與蒸登部音協，李詩卻誤為耕韻「宏」，應籍以據改。

並，《廣韻》清韻府盈切，合也；勁韻畀政切，專也。五言古體《雜詩》139 叶「清明並成名生」，原句作「起坐念始衰，遂令百感並」，音義與「府盈切」合。

更、橫、聽，《廣韻》分別有平、去二讀：更，庚韻古行切，代也，償也，改也；映韻古孟切，易也，改也。橫，庚韻戶盲切，縱橫也；映韻戶孟切，非理來，又音宏；聽，青韻他丁切，聆也；徑韻他定切，待也，聆也，謀也。五言古體《送觀志能分韻得更字》188 叶「柄橫請盛鏡怲更迸命聽映詠」原句分別為「江永秋易風，日暮蛟龍橫」，「挽須祝君來，持酒勸君更」，「平生烈士心，掩耳不願聽」，音義均與去聲合。七言律詩《登平山堂故址》318 叶「行城盟橫」，原句「駱駝坡頭孔融墓，令人憶爾淚縱橫」；七言律詩《丙子泛舟登奧》416 叶「荊生聲橫城」，原句為「鴉啼古樹寒煙濕，人謁荒祠小艇橫」；《七言律詩雲峰臺望月送張仲舉至秦郵驛》424 叶「行更鳴瀛」，原句作「天水光搖秋萬頃，星河涼轉夜三更」，以上後三例，音義均與平聲合。

七、東鍾部

（一）韻字

平聲東韻——［一等］蓬、蒙||東、通恫、峒同童曈|籠朧瓏|忽、叢||公工功、空|烘、紅鴻|翁

　　　　　　　［三等］風楓||菘||中|崇|終、充沖||宮躬、窮|雄融

平聲冬韻——冬|儂|悰

上聲董韻——動運

平聲鍾韻——封、峰、逢||濃、龍|摐、從||重運|鍾鐘、衝、舂||笻||蓉容溶

上聲腫韻——重|踵

去聲用韻——誦頌

（二）韻譜

A. 古體詩、文

1. 東韻獨用

四言古詩《有翼》118 叶「崇沖雄」，古樂府騷《黃民尚所藏王若水〈陶令歸來圖〉》103 叶「童風東躬窮翁」，七言古詩《和薩郎中秋日海棠韻》221 叶「風紅宮」

2. 東、鍾同用

七言古詩《太乙真人題〈蓮舟圖〉》245 叶「龍中通東童籠」，七言古詩《海古》238 叶「東中蒙宮風鴻從通公」，七言古詩《舟中為人題〈青山白雲圖〉》213 叶「龍蓉東」，五言古體《雜詩其七》141 叶「叢風蒙恫充龍逢」

3. 東、董、腫同用

七言古詩《龍鼻水聽琴為劉芳在作》219 叶「風宮動踵」

4. 東、鍾、江同用

七言古詩《張葵齋所藏〈江山風雨圖〉》223～224 叶「龍蓉楓江翁峰」

5. 東、清、陽同用

文《洞神宮青溪堂記》51 叶「央瀠通」

6. 東、養同用

四言古詩《原田》121～122 叶「同壤」

7. 東、登、用同用

文《崑山州重修學宮記》58 叶「誦頌躬朋」

B. 近體詩

1. 東韻獨用

七言律詩《遊雙峰贈覺上人》312 叶「童匆紅同公」，七言律詩《元日聯趙相國家宴》331 叶「瞳公峒中宮」，七言律詩《次韓希古觀燈韻》355 叶「瞳空中紅風」，七言律詩《登台州巾山》374 叶「翁同紅中空」，七言律詩《次潘尊師韻》377～378 叶「融中宮工風」，七言律詩《十三夜聽吳道士吹簫》378 叶「瞳中風籠東」，七言律詩《秋晚別業偶成》382 叶「東紅空風菘」，七言律詩《賦得越山越水二道》409～410 叶「風東紅中通」，七言律詩《次晚春韻》416 叶「東風功中」，七言律詩《送朵兒只國王這遼東》418 叶「功東終弓同」，七言絕句《病中》534 叶「風翁」

七言絕句《姑蘇臺》545 叶「風紅宮」，七言絕句《題〈桃花鸚鵡〉》546 叶「籠宮風」，五言絕句《寶林八詠・飛來峰》453 叶「雄宮」，七言絕句《雞啼》462 叶「峒紅」，七言絕句《贈靈巖秀禪師》471 叶「烘中紅」，七言絕句《十月群飲茅屋》476 叶「烘紅翁」

2. 鍾韻獨用

五言律詩《次薩使君道林寺壁》283 叶「容鍾舂龍」，七言絕句《其二》472 叶「筇鍾」，七言絕句《新月》482～483 叶「濃蓉」

3. 東、鍾同用

七言律詩《宿樵椎李寺，次韻三過堂石刻東坡所遺文老詩》299 叶「重空功東」

七言絕句《送茂上人》505 叶「溶紅篷」

4. 冬、鍾同用

七言絕句《送衛縣尹》532 叶「蓉峰儂」

5. 東、冬、鍾同用

五言排律《玄冬館飲酒分韻得衝字》433 叶「冬封容衝悰鍾」

七言排律《遊雁蕩》439 叶「穹東中嵩蓉濃龍叢聰重悰同逢菘容風通鋒鐘窮筒」

6. 董，腫同用

七言絕句《其二・寒江獨釣》504 叶「運重」

東鍾部獨用同用表

《廣韻》韻目	近體詩	古體詩和文
東	17	3
鍾	3	
東　鍾	3	4
冬　鍾	1	
東冬鍾	2	1
東　陽		1
東陽清		1
東鍾江		1
東鍾登		1
總　計	26	12

　　本部包含《廣韻》東冬鍾三韻，《廣韻》規定東獨用，冬鍾同用。李孝光近體詩冬未見獨用，與鍾同用 1 次，冬鍾同用，東獨用 17 次，與冬鍾合用 5 次，約占三韻總數 26 次的 19.2%，故東冬鍾三韻合用為一部；古體詩和文冬、鍾未見獨用，東獨用 3 次，與冬鍾合用 7 次，約占總數 12 次的 58.3%，故東冬鍾三韻合用為一部。

　　從，《廣韻》鍾韻疾容切，就也；又七恭切，從容；用韻疾用切，隨行也。七言古詩《海古》238 叶「東中蒙宮風鴻從通公」，原句作「秦皇到老不得渡，嗟我欲往將焉從」，音義與「疾容切」合。

　　重，《廣韻》鍾韻宜容切，復也，疊也；腫韻直隴切，多也，厚也，善也，慎也；用韻柱用切，更為也。七言律詩《宿樵椎李寺，次韻三過堂石刻東坡所遺文老詩》299 叶「重空功東」，原句作「雨花閣前雙桂樹，小雲積翠宛重重」；七言排律《遊雁蕩》439 叶「穹東中嵩蓉濃龍叢聰重悰同逢菘容風通鋒鍾窮筒」，原句為「北瞻瑞鹿晴嵐薄，西湖飛泉紫翠重」，上述兩例音義均與「宜容切」合。七言絕句《其二・寒江獨釣》504 叶「運重」，原詩作「光光明月照青天，青天落落江不運。老漁未是尋常人，一絲能令九鼎重。」「運」，同「動」，《說文・力部》：「運，古文『動』」。則「重」應取「厚也」義，引申為「厚重」，音義與「腫韻直隴切」合。

第三節　入聲各部

　　李孝光古體詩和文入聲韻混押用例較多，只有通攝、宕攝和江攝入聲尚能較為清晰地系聯，其餘各攝情況複雜，雖然有個別韻攝獨用比例較高，但總有少數用例同其他韻攝牽連不清。又元代通語如韻書《中原音韻》所載，入聲韻均已併入陰聲韻。溫州現代方音已無入聲韻尾，只保留入聲調。因此，我們只能依據稍前時期的宋代通語特徵，將李孝光詩韻的入聲韻部分分成四部分討論：德緝部（緝櫛質術德職陌麥昔錫）、月帖部（曷葉帖點薛月屑）、藥覺部和屋燭部。近體詩入聲韻析為三部討論：葉帖部、屋谷部、燭玉部。

一、德緝部

（一）韻字

　　入聲緝韻——濕||楫、泣

　　入聲質韻——栗||膝|日||吉

　　入聲術韻——出

　　入聲櫛韻——瑟

　　入聲職韻——［開口］力|息||側、測惻、色|職織、食、識飾、直植殖||極|臆憶|翼

　　入聲德韻——［開口］北||德、忒|賊、塞||黑

　　　　　　　　［合口］國

　　入聲錫韻——［開口］壁||滴荻、惕、笛|歷|績、寂

　　入聲昔韻——［開口］碧||積跡、磧、舄昔惜、席夕汐||尺、釋適、石||易、液

　　入聲陌韻——［開口］迫、魄、白、陌||礫、澤|柵||客

　　入聲麥韻——［開口］脈||策||革隔

（二）韻譜

1. 緝韻獨用

七言古詩《湖山八詠·竹枝引泉》209 叶「濕泣」

2. 德韻獨用

四言古詩《嘉樹為鄭氏義門作》126～127 叶「忒德」

3. 陌韻獨用

七言古詩《太乙真人題〈蓮舟圖〉》245 叶「白魄」

4. 昔韻獨用

五言古體《靈隱十詠・煉丹井》131 叶「石液碧鳥」

五言古體《靈隱十詠・水臺盤》132 叶「石液席釋」

5. 緝、櫛同用

七言古詩《歙硯歌》246 叶「濕泣瑟」

6. 德、職同用

五言古體《吳明之既葬乃祖陽岡阡，楊阿訇弘追為墓銘，趙子昂喜其才，自為書之。有詩名湖海者，皆為賦詩。予客杭，意必來征，因賦云》149 叶「北惻測極」

古樂府騷《一車南》81 叶「北息」

7. 職、帖同用

七言古詩《和薩郎中秋日海棠韻》221 叶「息蝶色」

8. 職、昔同用

古樂府騷《一車南》81 叶「尺色」，五言古體《靈隱十詠・蓮花峰》129 叶「飾側惜易」，七言古詩《題鐵仙人琴書安樂窩》235～236 叶「殖積」

9. 德、錫同用

四言古詩《原田》121～122 叶「績賊」

10. 職、陌同用

七言古詩《送周子善上金華教官其二》234 叶「陌客色柵」

11. 陌、麥同用

五言古體《登任玉女臺》144～145 叶「隔策礫脈魄迫白客」

12. 昔、錫同用

五言古體《靈隱十詠・翻經臺》133 叶「寂跡壁夕」

七言古詩《舟中為人題〈青山白雲圖〉》213 叶「石滴笛」

13. 昔、陌同用

七言古詩《送楊明仲》217 叶「碧磧礫」

14. 錫、質同用

文《崑山重修學宮記》58 叶「惕吉」

15. 職、德、錫同用

古樂府騷《採蓮曲》83 叶「北葯識憶」

16. 職、昔、術同用

七言古詩《宿雁山下作瀑布詩寄徐仲禮》223 叶「石色出碧」

17. 職、德、錫同用

七言古詩《湖山八詠・木簷蔽日》210 叶「北力壁」

18. 職、德、昔同用

五言古體《送僧樸庵用柯敬仲韻》202～203 叶「極識側塞汐釋臆」，七言古詩《覺次山和尚新主持雙峰作此贊之》220 叶「碧黑尺北色」，七言古詩《墨梅》216 叶「碧滴黑尺笛」

19. 職、德、質、錫、昔同用

七言古詩《信筆次潘一水韻》249～250 叶「日質壁錫膝質栗質色職息職跡昔惻職昔昔織職碧昔臆職歷錫席昔石昔力職國德」

20. 職、德、陌、麥、昔、錫同用

五言古體《題安彝方美政卷》191～192 叶「北國德德息職食職直職澤陌惕錫賊德色職策麥革麥翮職飾職植職恚德翼職臆職適昔職職」

德緝部獨用同用表

《廣韻》韻目	古體詩和文
緝	1
德	1
陌	1
昔	2
緝 櫛	1
德 職	2
德 錫	1
職 昔	3
職 陌	1

職　帖	1
陌　麥	1
錫　昔	2
總　計	17

《廣韻》韻目	古體詩和文
陌　昔	1
錫　質	1
德職錫	2
職昔術	1
德職昔	3
德職錫昔質	1
德職錫昔陌麥	1
總　計	10

　　《廣韻》規定德職同用，陌麥昔同用，質術櫛同用，錫獨用，緝獨用。李孝光古體詩和文德獨用 1 次，職未見獨用，與德同用 2 次，德職同用；麥未見獨用，與陌同用 1 次，陌麥同用，陌獨用 1 次，昔獨用 2 次，陌昔同用 1 次，陌麥昔同用；緝獨用 1 次，質、術、櫛、錫均未見獨用。德職、陌麥昔、緝、質、術、櫛、錫之間合用 17 次，約占 10 韻總數 27 次的 63.0%，故德職陌麥昔緝質術櫛錫十韻合用為一部。

　　瑟，七言古詩《歙硯歌》246 叶「濕泣瑟」，其中「瑟」為櫛韻字，原句為「倒鳳顛鸞秋瑟瑟」，查《廣韻》櫛韻「瑟」，所櫛切，樂器。於義不符。其同音字有「颸」，颸颭，風也，於詩義合，但音不協。考《廣韻》緝韻「飂」，似入切，颯飂，大風。義合音叶，應籍以據改。

二、月帖部（近體詩葉帖部）

（一）韻字

入聲帖韻——蝶‖‖篋
入聲葉韻——葉

—301—

入聲曷韻──渴

入聲黠韻──〔開口〕察||滑

入聲月韻──〔合口〕發||闕、月|越樾

入聲薛韻──〔開口〕別、滅||裂||哲、轍|折、掣、舌|熱||揭、蘖

　　　　　　〔合口〕雪||拙||缺|悅

入聲屑韻──〔開口〕節||結潔、齧鱖巎|咽

　　　　　　〔合口〕穴、血

（二）韻譜

A. 古體詩、文

1. 月韻獨用

五言古體《靈隱十詠・靈隱寺》128 叶「闕越月發」

2. 屑韻獨用

古樂府騷《隴頭水》89～90 叶「咽血」

3. 薛、月同用

七言古詩《秋曉角》214 叶「月滅裂」

七言古詩《湖山八詠・木簷蔽日》210 叶「雪月」

4. 薛、陌同用

七言古詩《湖山八詠・石亭避暑》211 叶「熱客」

5. 黠、泰同用

文《崑山重修學官記》58 叶「察蕞」

6. 薛、曷同用

七言古詩《湖山八詠・竹池引泉》209 叶「雪渴」

7. 薛、屑、曷同用

五言古體《結廬南山下》177 叶「轍拙節潔渴結」

8. 薛、屑、月同用

古樂府騷《蕭蕭饑馬鳴》94～95 叶「月別發發雪轍折哲潔」

9. 薛、月、物、錫同用

詞《念奴嬌・贈余氏子和東坡赤壁韻》561 叶「物物壁錫雪薛傑薛發月滅薛

發月月月」，詞《念奴嬌》568 叶「物物壁錫雪薛傑薛發月滅薛發月月月」

　　10. 薛、月、屑、術、帖同用

　　五言古體《同靳從矩縣尹宿雁山天柱院》198 叶「齧屑揭薛缺薛穴屑出術掣薛舌薛龁屑闕月蝶帖月月雪薛裂薛結屑蘗薛別薛悅薛樾月嶭屑」

　　11. 薛、月、黠、皆、虞同用

　　七言古詩《和叔夏寄童質夫》212～213 叶「滑黠發月差皆須虞滅薛月月」

　　B. 近體詩

　　1. 帖、葉、緝同用

　　七言絕句《十月庚申登舟口號》499 叶「楫篋葉」

月帖部（含近體詩葉帖部）獨用同用表

《廣韻》韻目	古體詩
月	1
屑	1
薛　月	2
薛　曷	1
薛　陌	1
薛月屑	1
薛屑曷	1
總　計	8

《廣韻》韻目	近體詩	古體詩和文
黠　泰		1
葉帖緝	1	
薛月錫物		2
薛月屑帖術		1
薛月黠皆虞		1
總　計	1	5

《廣韻》曷末同用，轄黠同用，薛屑同用，月沒同用，葉帖同用。李孝光近體詩入韻 1 例：七言絕句《十月庚申登舟口號》499 叶「檝篋葉」，屬於葉帖同用而借「緝」韻例，叶帖同用為一部。古體詩和文薛、月、屑、曷、黠、葉、帖合用 9 次，約占七韻總數 13 次的 69.2%，故薛月屑曷黠葉帖合用為一部。

三、藥覺部

（一）韻字

入聲藥韻——［開口］雀

入聲鐸韻——［開口］礴薄、漠幕||託|樂落||作、酢、索||閣、愕崿|壑|惡

［合口］廓

入聲覺韻——［開口］剝、樸、雹||角覺|學|嶨

（二）韻譜

1. 鐸韻獨用

四言古詩《原田》121～122 叶「作壑」，五言古體《次鐸志文韻送之歸武昌》160 叶「礴削作崿落廓約樂藥愕託惡腳」，七言古詩《和薩郎中秋日海棠韻》221 叶「索幕薄」

2. 覺韻獨用

七言古詩《龍鼻水聽琴為劉芳在作》219 叶「角樸」

3. 鐸、藥同用

古樂府騷《白翎雀》88 叶「樂落閣酢雀雀」

4. 鐸、覺同用

七言古詩《湖山八詠·石庭避暑》211 叶「壑作雹」，七言古詩《湖山八詠·沙頭酒店》206 叶「落漠嶨」，古樂府騷《大星》94 叶「落角」，五言古體《古詩其三》174 叶「落覺剝作」

5. 覺、燭同用

文《崑山州重修學宮記》58 叶「屬學」

6. 覺、月同用

七言古體《題鐵仙人琴書安樂窩》235～236 叶「發覺」

7. 鐸、覺、歌同用

七言古詩《湖山八詠·曉寺僧鐘》208～209叶「落角作覺何」

藥覺部獨用同用表

《廣韻》韻目	古體詩和文
鐸	3
覺	1
藥 鐸	1
鐸 覺	4
覺 燭	1
覺 月	1
鐸覺歌	1
總 計	12

　　本部含《廣韻》藥鐸覺三韻，《廣韻》規定藥鐸同用，覺韻獨用。藥未見獨用，與鐸同用1次，藥鐸同用；覺韻獨用1次，與藥鐸合用5次，約占總數12次的41.7%，故覺與藥鐸合用為一部。

　　由於樂清方言有入聲調無入聲韻，其入聲靠調值來區別（蔡嶸《浙江樂清方言音系再探》）[三七]，所以偶見歌韻押入鐸覺的現象：

　　七言古詩《湖山八詠·曉寺僧鐘》208～209叶「落角作覺何」（加「·」號的為覺韻字，加下劃線者為歌韻字）。

四、屋燭部（近體詩屋谷部、燭玉部）

（一）韻字

入聲屋韻——　[一等]　木沐‖獨|鹿|速‖谷|屋

　　　　　　　　[三等]　福、馥‖肅宿|竹、逐|熟‖菊

入聲沃韻——　毒‖酷

入聲燭韻——　綠醁|足‖躅、觸、束、屬‖曲、玉|欲浴

（二）韻譜

A. 古體詩和文

1. 燭韻獨用

七言古詩《鑑湖雨》212叶「曲綠宿玉足」

2. 屋、燭同用

七言古詩《湖山八詠·秋江漁火》208 叶「肅綠竹」，七言古詩《茅山謠送鄧上人》235 叶「馥熟浴」，七言古詩《次歐陽公效孟郊體〈看竹〉綠字韻題慶上人〈萬竿圖〉》232 叶「速綠逐玉屋足醁宿」，七言古詩《寄友人》218～219 叶「鹿束」，七言古詩《和薩郎中秋日海棠韻》221 叶「屋足獨」，七言古詩《送陳君禮之婺女兼寄徐仲禮》251 叶「曲宿」

3. 屋、燭、沃同用

五言古體《送心非鏡上人且寄銘師》190 叶「屋屬躅毒酷獨谷」

五言古體《寄憲使本齋王公其二》184 叶「菊酷獨躅」

4. 屋、鐸同用

文《洞神宮青溪堂記》51 叶「福樂谷」

5. 屋、燭、鐸、沃同用

古樂府騷《擇木為妻索性作》107 叶「木欲樂毒」

6. 屋、暮同用

七言古詩《和陳叔夏章字韻詩送此山師》249 叶「屋露」

B. 近體詩

1. 屋韻獨用

五言絕句《羅翠軒》456 叶「谷沐」

2. 燭韻獨用

五言絕句《題皎如晦長老煮筍貼》452 叶「觸玉」

屋燭部（含近體詩屋谷部）

屋燭部等獨用同用表

《廣韻》韻目	近體詩	古體詩和文
屋	1	
燭	1	1
屋　燭		6
屋沃燭		2

屋　鐸		1
屋沃燭鐸		1
總　計	2	11

《廣韻》規定屋獨用，沃燭同用。李孝光近體詩屋、燭分別獨用 1 次，未見與它韻合用，故屋、燭各自獨用為一部。古體詩和文屋、沃未見獨用，燭獨用 1 次，屋與沃燭合用 9 次，約占總數 11 次的 81.8%，故屋、沃燭合用為一部。

古體詩和文含《廣韻》屋沃燭三韻，近體詩僅含《廣韻》屋韻。

五言古體《寄憲使本齋王公其二》184 叶「菊酷獨躅」

五言絕句《羅翠軒》456 叶「谷沐」

近體詩燭玉部

本部僅含《廣韻》燭韻，李孝光詩入韻 1 例：

五言絕句《題皎如晦長老煮筍貼》452 叶「觸玉」

第四章　異調相押的類型及性質

　　李孝光詩文用韻，在聲調的選擇上體現出來的特徵是多用平聲字入韻，絕大多數是同調相押。當然也存在異調相押情況有平上、平去、上去三種類型，下面我們分別作具體分析。

第一節　上去相押與濁上變去

　　李孝光的詩文用韻，上去相押是較為常見的現象，而這些混押韻例中絕大部分又牽涉到全濁上聲字。一般認為，全濁上聲字從晚唐五代開始有系統地變為去聲。丁治民（2004）「《時要字樣》是以韻書的形式把『濁上變去』在唐代某一地區就已發發生乃至完成的這一重要音變現象記載下來。」[三八]達到中國文學巔峰時代的有宋在漢語語音史上舉足輕重，但北方地區濁上變去現象卻不及唐代用例多。丁治民（2005）在賈善翔《南華真經直音》中發現28例[三九]，豐富並且充實了漢語語音史關於濁上變去的研究。在李詩用韻中，我們常看到同一個全濁上字可能會有三種入韻方式：押上聲、押去聲、與上去聲混押。不可否認，通過上去通押，我們確實可以考察去濁上聲字當時在樂清方音中的變化狀態。下面，我們將李孝光詩文用韻中所有全濁上聲字列出（酌收部分上去兩讀字），並分別其入韻類型：A表示與上聲相押，B表示押去聲，C表示兼押上去，字母后的數字表示該濁上字在本類中出現的次數。韻部右之數字表示該部除濁上字外出現的上去通押次數。

韻　部	全濁上聲字及其入韻類型
家麻	社 A1　下 A7
魚模 15	黼 A1　輔 A1C1　戶 A5B1　蒲 A1　父 A1　處 A3B5C3　吐 A2C1　聚 A1
齊之 14	娣 A1　市 A1　恃 A1　涘 A1
咍灰 2	待 A1C1　隊 C1　匯 C1　在 C1　罪 A1
蕭豪 1	道 A2
尤侯 8	舊 C2　負 A2　受 A1　咎 A1C1　綬 A1　婦 A1　後 A1　厚 A1
侵尋 1	甚 A1　鴆 A1
寒先	渾 A1　善 A2　阪 A2
陽唐	上 A1　蕩 A1　強 A1
庚蒸 2	
東鍾	動 A1

　　上表共 37 個全濁上聲字，其中 A 類出現 33 字 50 次，B 類 2 字 6 次，C 類 8 字 12 次，可見押上聲占絕對優勢。在 37 個全濁上聲字中，只押上聲（A）類的 27 個，只押去聲（B）類的 0 個，既押上聲又押去聲（AC、AB、ABC、C）的 10 個，這也說明濁上字還處於上去自由變讀的階段。

　　元代履於唐宋之後，為了能觀察李孝光詩韻中濁上變去現象與其他地區的異同，我們將宋代福建（劉曉南 1999）、江浙（張令吾 1998）與樂清李孝光的詩韻進行比較。

詩　　韻	總字數	全濁上聲只押上聲		全濁上聲只押去聲		全濁上聲兼押上去	
		字　數	百分比	字　數	百分比	字　數	百分比
福建	133	39	29.3%	19	14.3%	75	56.4%
浙江	116	20	17.2%	24	20.7%	72	62.1%
李孝光	37	27	73.0%	0	0.00%	10	27.0%

　　張令吾（1998）「北宋江浙詩韻全濁上聲字押上聲與押去聲的數量大致相當」[四〇]，通過比較，我們發現：元代樂清地區濁上變去的比率較低。這說明元代溫州方音更多地保留了唐代語音的特點。雖然上去相押與詩人上去聲用韻的傾向性有關，但一個個案詩人 ABC 三類懸殊的百分比，足以說明樂清地區濁上變去的發展較慢，存濁現象嚴重，例證了濁上變去是一個漫長的歷時過程，不同方言區有自己的演變歷程，濁上變去作為一種語音現象在元代樂清

地區還是一個發展、演變的節點。時至今日，普通話中仍有一些全濁上聲字未變成去聲，吳方言包括樂清話的陽上調依然存在。

第二節　平上相押

兩調相押共三例：

古樂府騷《雲之蒸》84 叶「幽虯否舟」，原句作「人涉兮卬否」，否，音義與《廣韻》有韻「方久切」合。屬於「尤侯部脣音上聲字押入平聲的現象」。蔡嶸（1999）收錄「否」和「舟」二字樂清讀音：否，fɣ45 屬於陰上調；舟，tɕiu44 屬於陰平調 [四一]，現代方音調值接近，李孝光詩韻反映的語音現象與此相似但又有細微差別。

七言古詩《龍鼻水聽琴為劉芳在作》219 第三韻段叶「風宮動踵」，原詩為「江清雲暖天無風，暗潮自撼黃銀宮。紫髯元甲臥不動，真翁鬼息深至踵。」風宮，東韻字；動踵，董韻字。此詩因原詩自然分段，所以分析成一個韻段。

四言古詩《原田》121～122 第三韻段叶「同壤」，原詩詩句為「我渠既成，我稼既同。歲則大有，化為沃壤。」同，東韻字；壤，養韻字。本詩涉及東鍾部與陽唐部互押。

第三節　平去相押

平去相押共 3 例：

四言古詩《有翼》118 第四韻段叶「濤纛曹」，原句作「舟師理柁，軍旅樹纛」，纛，《廣韻》號韻徒到切，左纛以犛，牛尾為之，大如斗，繫於左驂馬軛上。音義與詩合。

四言古詩《嘉樹為鄭氏義門作》126～127 第一韻段叶「巢效」，原詩句為「南有嘉樹，鳳鳥所巢。君子之孝，君子是傚。」因其下另外 11 韻段均為偶數句入韻，根據類推入韻的原則，「孝」不入韻，其中「巢」為看韻字，「效」為效韻字。

文《崑山州重修學宮記》58 叶「誦頌躬朋」，原句為「相作新堂，使居弦頌。更進弟子，試為禮誦。守謂弟子，力學自躬。毋苦征徭，諮求良朋。」誦頌，用韻字；躬，東韻字；朋，登韻字。本詩涉及庚蒸部合口牙喉音開口脣音向東鍾部轉化的韻書記載的音變現象。

第五章　古體詩和文韻部分合及語音特徵討論

　　元李孝光生活經歷廣泛，從小受過良好的教育，五歲跟從祖母習讀《孝經》《論語》《孟子》，六七歲研習《尚書》《詩經》及古文辭。壯年遊歷祖國山川名勝，中年出仕從政，與友人促膝談詩〔註1〕，因此，李孝光深受方音、古書和官話的多重影響，其詩韻經常出現通語、方音、古韻兼容的用例。所以，在討論其古體詩和文韻部分合及語音特徵時，我們先討論其符合通語或韻書記載的音變現象，然後分陰聲、陽聲、入聲三部分探討方音以及古韻等音變現象，最後討論塞音韻尾的脫落和去入為韻現象。

第一節　通語或韻書記載的音變現象

一、佳夬韻系部分字向家麻部轉化

　　李孝光詩韻中「蛙」字入麻韻1次，「涯」字入麻韻4次，總計2字5次。反映的是「佳夬韻系部分字逐漸歸於麻韻」這一由唐宋到元的漢語語音演變的普遍現象。這個層面由於涉及的只是單個字，故在歌戈部和家麻部的特殊韻字討論中已作討論，不再贅述。

〔註1〕關於李孝光的生平簡介請參閱陳增傑先生的《李孝光集校注》上海社會科學院出版社2005年版。

二、尤侯部部分唇音字押入魚模

詩文用韻中尤侯部唇音字葉入遇攝始於初唐。初唐詩韻「母、畝、茂」等字開始與遇攝偶葉（鮑明煒 1990）；中唐詩例及韻字均有所增加。元稹、白居易詩中押入遇攝的尤侯部韻字「畝母婦茂覆」，均為唇音（鮑明煒 1982）。南方方言中，唐代閩南方言泉州話中，「古尤侯韻的部分字至少是唇音字已經跑入虞韻，故殊無虛浮同韻」（周長楫 1994）〔註2〕。

劉曉南（1999）「宋代，通語韻系中許多中古尤侯係唇音字實際讀音已經轉入魚模部。」[四二] 詩文用韻中有明顯的體現。福建詩詞文用韻中只押魚模部的尤侯唇音字僅 3 個，且比較冷僻，而押韻數量頗多的常用字中所有押魚模部的尤侯唇音字均押尤侯（劉曉南 1999）；浙江陸游詩韻中「浮否畝」均見既押魚模又押尤侯用例（馮志白 1994）。都顯示了尤侯部唇音字向通語音系《中原音韻》魚模部音變的趨勢。

綜上，「尤侯部部分唇音字押魚模部」萌芽於初唐、中唐在北方日益擴展的普遍音變（鮑明煒 1982，1990），到宋代蔓延於南方，大致從西北南下至川中，東邊突破長江進入吳閩，同時往西蔓延至江西（魯國堯 1980，劉曉南 1999）。我們在元代樂清詩人了李孝光的詩韻中發現尤侯部唇音字「否婦母僕」入韻 7 次（其中「僕」兼押魚模部和尤侯部，我們算作分別押 1 次，計 2 次，詳見下文魚模部和尤侯部音變現象討論的詩例列舉），具體列表比較：

〔註2〕 本文論證過程中關於各種語音現象中不同韻部之間合韻次數的統計綜述部分借鑒前人已有的研究成果，主要參閱書目為：李榮《音韻存稿》商務印書館 1982 年版，鮑明煒《唐代詩文韻部研究》江蘇古籍出版社 1990 年版，周祖謨《唐五代的北方方音》載於《語言文字學術論文集》知識出版社 1988 年版，周祖謨《宋代汴洛語音考》1942 載於《問學集》中華書局 1966 年版，劉根輝、尉遲治平《中唐詩韻系略說》載於《語言研究》1999 第 1 期，周長楫《從義存的用韻看唐代閩南方言的某些特點》載於《語言研究》1994 增刊，張世祿《杜甫與詩韻》載於《張世祿學術論文集》學林出版社 1984 年版，馮志白《陸游古體詩的用韻系統》載於《語言研究》1994 年增刊，荀春榮《韓愈的詩歌用韻》載於《語言學論叢》商務印書館 1982 年第 9 輯，魯國堯《魯國堯語言學論文集》江蘇教育出版社 2003 年版，劉曉南《宋代閩音考》嶽麓書社 1999 年版，裴宰奭《宋代臨安詞人用韻考》南京大學 1996 年博士學位論文，張令吾《宋代江浙詩人用韻研究》南京大學 1998 年博士學位論文，杜愛英《北宋江西詩人用韻研究》南京大學 1998 年博士學位論文，儲泰松《唐五代關中方音研究》安徽大學出版社 2005 年版，胡運飆《吳文英張炎等南宋浙江詞人用韻考》載於《西南師範大學學報》1987 年第 4 期等等著作或學術論文。

韻　字	否	母	僕	婦
押魚模部	1	0	1	1
押尤侯部	1	2	1	0
比　值	1	0	1	—

　　因為是一個詩人，所以用例較少，但通過計算每字兩韻相押次數的比值，加之此四個字都是常見字，可見元代樂清地區仍然繼承著「部分尤侯部唇音字押入魚模部」這一通語音變現象，字數雖少，卻不能忽視。

三、灰韻系泰韻合口字向齊支部演化

　　通語韻系中灰韻系與泰韻合口呼韻字向支微部演化的趨勢在李孝光詩韻中也有所體現。初唐北方詩人筆下開始出現「推堆磊」押入支微部的情形（鮑明煒 1990）。盛唐、中唐卻很少見，只河南詩人韓愈有 1 例（荀春榮 1982）。晚唐五代時大增，變文的用韻中「灰寬搥杯罪會」計 6 字押入支微（周祖謨 1989）。

　　劉曉南（1999）「宋代詩詞用韻中，灰泰合係字押支微部是普遍現象，差別在於各地具體入韻字與押用次數不一樣。」［四三］宋代江浙詩韻中，灰韻字葉支微部 29 韻字，泰韻字葉支微部 65 韻字（張令吾 1998）。元代李孝光詩韻葉入支微部的灰泰合口字有「寬媒回罍匯灌穨徊隊」9 韻字，應該是這一通語語音現象的留存［註3］。具體詩例為：七言古詩《送林彥清》247 叶「來埃臺寬媒開回荄穨鬠衰臺杯才罍能來萊」；五言古體《雜詩其二》139 叶「飛穨歸徊悲池輝饑鷗」；五言古體《九月一日……分韻得採字》150～151 叶「彩改待灌隊匯海蕰在採」。

四、庚蒸部合口牙喉音開口唇音向東鍾部轉化

　　庚蒸部與東鍾部通押是符合韻書記載的音變特徵。《中原音韻》庚青部和

〔註 3〕對於這種語音現象，我們認為唐作藩先生在《語言研究》1991 年第 1 期上發表的論文《唐宋間止蟹二攝的分合》中的解釋更有道理。「由於兩攝（按止攝與蟹攝）各自內部諸韻趨於合流，主元音演變得比較接近。可以設想，此時期蟹攝分為兩部，一二等韻灰咍泰皆佳合為一部，大致讀〔ai　uai〕，三四等齊祭廢合為一部，讀〔iəi　iuəi〕；而止攝支脂之微合流為一部，讀〔ii　iui〕。因此詩歌韻文裏可以合韻，特別是齊（祭廢）與灰（咍泰皆佳）部合口一等字，同支（脂之微）部合韻情況更多，因為其讀音更接近。」

東鍾部重複收錄了一批在《廣韻》中屬於梗曾兩攝的合口牙喉音和開口唇音字，意即該批字有由庚青部向東鍾部演變的趨勢，時間約在宋元前後。宋末元初的《古今韻會舉要》就將中古庚登韻的「觥盲恒宏朋弘」等字隸屬於公字母韻，亦即讀同東鍾部洪音韻母。到《中州音韻》中，「弘橫觥嶸兄朋永詠繃」等字只收入東鍾部，不再入庚清部了。

宋代福建文士用韻有 2 例登韻合口「弘」字押入東鍾部的現象，符合韻書所載 [四四]。今從元代李孝光詩韻中發現「朋明鳴平盲冰兄瀛恒生笙成慶」13字押入東鍾部的情形，其中符合音變規則的是「朋明鳴平盲冰兄」7 字，印證並且豐富了韻書所記載的語音演變：現代樂清話「明鳴平」等念-eŋ 韻，「朋兄東」等念-oŋ 韻，「永勇擁」等念-ioŋ 韻；現代漢語除個別念-eŋ 韻外，都念-uŋ或-iuŋ 韻。具體詩例為：文《崑山州重修學宮記》58 叶「誦頌躬朋」；五言古體《贈岳仲遠》180～181 叶「長中明鳴荒平」；五言古體《謝山人詩卷為鶴陽外祖題》170 叶「傍唐長窗昌霜章揚明江彭笙鳴荒盲光滂成宮」；五言古體《韓別駕舊宅》158 叶「坊祥冰藏叢幢蓬忙禳傍方風抗蒙隍牆堂兄功躬生平床中恙良恒償揚響殃彰空璋漿香皇昌慶強」。

第二節 方音以及古韻等音變現象

一、陰聲各部

（一）歌戈部與家麻部

（1）七言古詩《與朱希顏會玉山人書其壁》243：蛙蛇霞家車啞茶撾花波嗟多何；（2）詞《水調歌頭・代干彥政送張公弼》570：歌多沱琶花撾涯車；（3）詞《前調・和韻送公弼》571：歌多沱琶花撾涯車；（4）七言古詩《次三衢守馬昂〈書壘〉韻》225～226：歌多蛙戈呵磨倭禾儺囉酡魔局頗摩羅麼馱河靴坡珂蟠鈋籮唆那蓑跎科棱蛾蘿俄何波窩和匜柁渦苛哦娑柯磋螺莪鵝饢婆娥峨何羅沱訛佗過。

兩部相押在李孝光詩中通押 4 例，溫州周邊方言區域均有歌麻通押的語音現象。北宋江西詩人用韻中 12 例（杜愛英 1998），福建文士用韻 5 例（劉曉南 1999），都說明在宋代閩贛方言中出現了兩部通押的詩韻用例。劉曉南（2001）通過綜述（胡運飆 1987）、（裴宰奭 1996）的詞韻研究，（馮志白 1991，1994）、（張令吾 1998）等的詩韻研究，認為江浙詩人筆下 10 例歌戈部與家麻

部通押是能反映宋代吳方言詩詞用韻特點的語音現象〔四五〕。這一現象在元代李孝光的筆下繼續得到印證。

現將兩部溫州方言現代讀音開列於下，以資比較〔註4〕：

例　字	多	歌	鵝	何	羅	茶	車	家	牙	啞	霞
溫　州	əu	u		u	əu	o	o	o	o	o	o
樂　清	ou	ou	ou	ou	ou	ou	ou	ou	ou	ou	ou
瑞　安	əu	u		u	əu	o	o	o	o	o	o
永　嘉	əu	u		u	o	o	o	o	o	o	o

上表可以看出，現代甌語各個不同方言點，具體韻字的歸類有所不同，如「多歌何羅」等在樂清方言中讀〔ou〕，與「茶車家牙」等正叶，在溫州、瑞安、永嘉等方言中，「何歌」等讀〔u〕，與「家車」等讀〔o〕有所不同，可能是音變的結果。

（二）魚模部與尤侯部

兩部相押在李孝光詩文中計 10 例，具體開列於下：

（1）文《洞神宮青溪堂記》51：樹守；（2）五言古體《觀弋陽……國瑞》185：陬收頭虯流駒州仇謀牛留鉤愁羞酬搜休優樓裘；（3）四言古詩《原田》121～122：駒牛；（4）古樂府騷《羽林曲》87：裘珠劉侯酬；（5）古樂府騷《釣魚》115：魚求駒遊；（6）古樂府騷《雲之陽送人之兄代之》114：母手取；（7）詞《滿江紅・錢塘舟中作》571～572：口走酒後取否有手柳；（8）七言古詩《與叔夏遊石門……余輒足之》241：斗救味僕湊右有；（9）五言古體《送熊括侍父至京師》172：手鷗口負斗取首膄瘠走受友蹂母咎叩綬柳道酒揉肘朽缶（「道」音符從「首」，故古音與侯部近。）；（10）古樂府騷《蓮花障》105：蒲酒侮魚家鷺休

「尤侯部部分脣音字押入魚模部」是宋代通語存在的一種語音現象，上文已作討論。但在李孝光詩韻中，卻突破了脣音的限制，牙喉舌齒音字均有押入魚模的用例。這在南方方言中不乏其例。「尤侯部牙喉舌齒音字押魚模的現象在宋代閩籍詩人筆下有 12 例」（劉曉南 1999）。現將部分韻字的現代讀音開列

〔註4〕本文所用溫州、瑞安、永嘉的方音材料引自顏逸明先生《浙南甌語》，華東師範大學出版社，2000 年版；樂清方音材料引自蔡嶸《浙江樂清方言音系》，《方言》1999 年第 4 期

於下，以資比較。從現代方音反觀元代溫州地區語音，魚模部與尤侯部的實際音類應該是相近的。

韻　字	虎	古	戶	頭	舞	土	女	取	珠	書	雨	手	劉
溫　州	u	u	u	au	u	əy	y	ʅ	ʅ	ʅ	u	ieu	əu
樂　清	u	u	u	u	u	y	y	y	y	y	y	iu	iu
瑞　安	u	u	u		u	əy	y	y	y	əy	y	eu	eu
永　嘉	u	u	u	əu	u	əy	y	ɥ	y	əy	y	ieu	əu

（三）咍皆部與齊支部

（1）五言古體《九月一日……分韻得採字》150〜151：彩改待濰隊匯海葰在採；（2）古樂府騷《東里》126：<u>知薈嘻哉</u>；（3）文《崑山州重修學宮記》58：<u>怠氏</u>；（4）五言古體《雜詩其八》142：<u>寐逮至醉意驥志計幾</u>

劉曉南（1997）認為「宋代福建詩人止攝合口字押入皆來部的 12 例，是歷史上吳語對閩語的影響」，「閩北、閩東的近鄰吳越有此種押韻，如臨安詞人張炎詞中 2 例止攝合 12 字（髓、醉）押皆來部（裴宰奭 1996）。現代吳語猶可如此押韻。」[四六] 溫州地處吳越語區，環吳越語周邊地區宋代均出現了止攝押入皆來部的現象。據魯國堯先生（1979、1992、1980）統計：宋詞中山東有 4 例 3 字「歸里醉」，江西詞人 7 例 9 字「誰吹醉蕊飛裏衣倚衰」，福建詞人 3 個止攝字「醉歲際」押皆來。李孝光兩部相押共 4 例，現將現代溫州地區兩部數韻字的讀音列舉於下：

韻　字	來	開	海	氏	知	飛
溫　州	e	e	e	ʅ	ʅ	ei
樂　清	e	e	e	ʅ	ʅ	i
瑞　安	e	e	e	ʅ	ʅ	ei
永　嘉	e	e	e	ʅ	ʅ	i

咍皆部的灰韻系與泰韻合口呼韻字向支微部演化是宋代通語韻系的一個重要特徵，這在上文已有論述。除此以外，元代溫州樂清詩人李孝光還把咍韻系和皆佳韻系的開口字也與齊支部相押。

（四）魚模部與齊支部

（1）古樂府騷《良常草堂詩》115：<u>肱書愚余鷗</u>；（2）五言古體《夏日荷

亭即事》146：渚髓㳷水暑裏羽蕊紙雨；（3）五言古體《溪行分韻得美字》200：
雨水齒起理美耳緒；（4）七言古詩《龍鼻水聽琴為劉芳在作》219：氣去；（5）
文《洞神宮青溪堂記》51：美鵝居；（6）五言古體《張本之春暉堂》155：齊
姿芝儀隨期居畿衣私遲；（7）七言古詩《送陳君禮之婺女兼寄徐仲禮》251：
書為

宋代在南方地區兩部通押的現象較盛。僅福建文士用韻就達 66 例（劉曉
南 1999），張令吾（2004）通過對北宋張耒的詩韻進行考證，認為「支微、魚
模二部通押是一種重要的語音演變現象，這在宋代東南部的江浙、福建、江西
詩詞韻中有著豐富的反映」[四七]。

元代李孝光兩部通押 7 例中，以押齊支部為主雜入魚模部字的用例較多。
這種現象在元代溫州地區以及現代漢語許多方言中均有反映。現代溫州話中
魚模部知照精組字與支微部精莊組字讀音趨同，樂清話和瑞安話中支微部知
組部分字、喉音聲母字與魚模部非唇音字讀音趨同，似乎同李孝光詩韻所反映
出的方音現象有相合之處，反推李孝光詩韻反映的應該是當時的實際語音。現
將部分支魚部韻字在溫州地區現代漢語方音讀法開列於下，籍資相較。

韻　字	姿	遲	私	書	趨	朱	吹	蕊	委	惠
溫　州	ᴢ	ᴢ	ᴢ	ᴢ	ᴢ	ᴢ	ᴢ		u	u
樂　清	ᴢ	ᴢ	ᴢ	y	y	y	y	y	y	y
瑞　安	ᴢ	ᴢ	ᴢ	y	y	y	y	y	y	əy

在現代樂清方言中，遇攝字二分，唇音及一等韻的牙喉音念 [u]，其餘的
念 [y]。溫州方音與樂清、瑞安、永嘉略有差異，溫州城區遇攝字三分，唇音
及部分牙喉音讀 [u]，知、照、精三組聲母讀 [ᴢ]，其餘讀 [y] 和 [əy]；而
止攝知、照、精三組聲母的開口呼讀 [ᴢ]，非知、照、精三組聲母的合口呼讀
[ei]，其餘的讀 [u] 和 [y]。

（五）歌戈部與魚模部

（1）七言古詩《送陳君禮之婺女兼寄徐仲禮》251 叶「舞歌多何」；（2）
古樂府騷《書〈窈窕圖〉後並序》98 叶「下馬舞孃女語巨姥蛇支歌歌何歌他歌媞
齊棲齊齊齊隋齊」（馬韻押入魚模部屬於古韻現象，齊支部與果遇兩攝在本詩中
交錯為韻，其中歌戈部與齊支部通押也屬古韻現象）

宋代福建文士歌魚通押共 10 例（劉曉南 1999），溫州地區 7 例（丁治民 2007）〔註5〕，元代李孝光詩韻二部相押 2 例，反映了元代這一方音特徵在 甌語中繼續留存。劉基《郁離子》載「東甌之人謂火為虎，其稱火與虎無別 也」〔四八〕；顏逸明先生（2000）「其實『火』與『虎』無別不止是東甌，吳語 南北都有不分的，只是其他吳語一般讀喉音 hu，而溫州各地都是唇音 fu」〔四 九〕。現代甌語中，果攝和遇攝一等的唇音、牙喉音都讀 [u]，遇攝只有唇音 及牙喉音念 [u]，其餘的則念 [əy] 或 [y]，李孝光不僅把遇攝唇音字及一等 牙喉音字同果攝牙喉音字相押，而且還同非唇音及一等牙喉音字相押，與現 代甌語不同。

韻　字	舞	戶	孤	和	禍	過	波	布
溫　州	u	u	u	u	u	u	u	u
樂　清	u	u	u	u	u	u	u	u
瑞　安	u	u	u	u	u	u	u	u
永　嘉	u	u	u	u	u	u	u	u

（六）尤侯部與蕭豪部

兩部相押，張令吾（1998）「宋代多集中出現在東南地區，為東南部方言 所共有的一種區域性特徵」〔五〇〕。但落實到具體方言點，卻不一定符合方音特 徵。元代李孝光詩文用韻中兩部通押有 3 例：

（1）五言古體《送醫師王宜往維陽》146：周投瘳酬高謀收球；（2）古樂 府騷《有車送韓從事行縣》103：瘳效；（3）七言古詩《題鐵仙人琴書安樂窩》 235～236：有保

現代溫州方言兩部略舉數個韻字讀音於下：

韻　字	高	保	效	收	周	酬
溫　州	ə	ə	u	ieu	ieu	ieu
樂　清	ɤ	ɤ	ɤ	iu	iu	iu
瑞　安	ɛ	ɛ	iɔ	əu	əu	əu
永　嘉	ə	ə	yə	ieu	ieu	ieu

〔註5〕本文關於宋代溫州地區詩人用韻情況參考丁治民《宋代的甌語》。

　　兩部現代溫州地區讀音相去較遠，現代樂清方音中蕭豪部字讀音多為［ɤ］，少數字讀［iɤ］，尤侯部字多讀［iu］，少數唇音字如「否阜」等讀［ɤ］，李孝光詩韻中兩部相押未見相近音字如「否阜」等入韻。其實兩部在兩漢以前關係密切，三國以後逐漸分立。三國至隋通押 22 例，作者大部分是北方人，其中又以關中居多（儲泰松 2005）。元代李孝光用韻反映出的現象說明關中地區方言與吳語之間似乎有著某種淵源關係。至於這種影響的相互關係實質怎樣，還有待進一步深入考察。

（七）歌戈部與齊支部

　　支韻押入歌戈部 1 例；歌韻押入齊支部 4 例，其中 2 例分別綴入一「尤」和「咍」韻字，均用圓點標出，「來」字押入齊支部是方音入韻現象，詳見咍灰部與齊支部的討論；「尤」字入韻見齊支部與尤侯部的討論：

　　（1）古樂府騷《魯氏怡雲堂》101：沱何儀他歌；（2）五言古體《衡門有一士》176：饑歌之滋；（3）五言古體《送夏簡伯之京》193：彌馳悲絲思志歌；（4）五言古體《送王將軍》191：姿佩儀羈饑之歌狸姬尤遺陂；（5）古樂府騷《竹石圖》104：峨來饑池離之知

　　早在上古「池麻歌」統屬歌部，有詩為證：《詩經·陳風·東門之池》「東門之池，可以漚麻；彼美淑姬，可以晤歌。」李孝光同楊維楨共倡浙派古樂府運動，上述幾例應是其踐行該運動的仿古韻。

（八）齊支部與尤侯部

　　（1）古樂府騷《蓮葉何田田》85：水友；（2）五言古體《寄張伯雨》156：已子紙似旨美幾紫李史霅滓趾尾裏喜胒水友芷死市恃依始曷彌棰鯉耳；（3）五言古體《與杜御史》159：史水子滓耳洗彌母否紫；（4）七言古詩《題鐵仙人琴書安樂窩》235～236：子首

　　詩人深受古代典籍影響，兩部相押亦屬仿古押韻。現將《詩經》中兩部相押例羅列 2 條，作為輔證。《詩經·小雅·吉日》第三章「瞻彼中原，其祁孔有。儦儦俟俟，或群或友。悉率左右，以燕天子。」叶「有友子」，上古同屬「之」部；《詩經·小雅·雨無正》第六章「維曰于仕，孔棘且殆。不可始，得罪於天子。亦云可使，怨及朋友。」叶「殆子友」，上古同屬「之」部。

（九）家麻部與齊支部

　　五言古體《潘子政具慶堂》194 叶「花家鴉嗟茶儀車加池斜衙霞遮華邪

涯」，開口三等支韻字由於與麻韻字上古來源相同，都來源於上古歌部字，李孝光從小習讀經書，所以仍屬於以仿古韻的現象。

（十）家麻部與<u>魚模部</u>

二部通押 9 例，詩 6 例，文 3 例。

（1）古樂府騷《吳趨曲送薩使君》82：邪<u>趨</u>於雛珠；（2）七言古詩《送陳君禮之婺女兼寄徐仲禮》251：<u>罟車</u>；（3）文《崑山州重修學宮記》58：花<u>如</u>；（4）四言古詩《河流為陽君錫作》119～120：<u>雨</u>下；（5）古樂府騷《柬干彥明》113：下馬<u>苦</u>寫<u>女</u>；（6）古樂府騷《瓶有梅》109：<u>卮</u>下；（7）文《崑山州重修學宮記》58：<u>舞所</u>下<u>俎</u>；（8）文《洞神宮青溪堂記》51：社<u>粗宇</u>；（9）五言古體《送張信父》161：<u>樹素路夜顧暑</u>

這種用韻，自宋人時代，就認作古韻。如吳棫《韻補》將「者下夏」三字收魚韻，「者」掌與切，「夏下」後五切。朱熹《詩集傳》全採吳說，於《唐風·綢繆》第 3 章「見此粲者」注曰「葉章與反」，《召南·採萍》「宗師牖下」注曰「葉後五反」，《小雅·四月》「四月維夏」注曰「葉後五反」，概名之「葉」，亦認作古音。元代李孝光一個詩人居然出現 9 例兩部通押的用例，可見李氏本人非常喜歡以古音入韻的仿古韻。

（十一）魚模部、家麻部、<u>咍皆部</u>與<u>尤侯部</u>

五言古體《題畫史朱好古卷》161～162 叶「爐愚樞朱珠膚株湖呼蹠*夫*瑕臺芽壺」，本詩以及古樂府騷《重見所思送彭元亮》99～100 叶「丘洲淮思志求」、《釣魚》115 叶「魚求駒遊」，涉及魚模部、家麻部、齊支部、咍皆部與尤侯部相叶，於古韻我們都可以找到依據。《詩經·周南·漢廣》第三章「翹翹錯薪，言刈其蔞。之子于歸，言秣其駒。漢之廣矣，不可泳思。江之永矣，不可方思。」叶「蔞駒思思」，屬於「侯部」與「之部」互叶；《詩經·召南·殷其雷》第三章「殷其雷，在南山之下。何斯違斯，莫或遑處。振振君子，歸哉歸哉。」叶「下處哉」，是「魚部」與「之部」互叶；《詩經·衛風·氓》第一章「氓之蚩蚩，抱布貿絲。匪來貿絲，來即我謀。送子涉淇，至于頓丘。匪我愆期，子無良媒。將子無怒，秋以為期。」叶「絲謀丘媒期」，同屬於「之部」；《楚辭·九章·惜誦》「忠何辠以遇罰兮，亦除非之所志也。行不群以巔越兮，又眾兆之所咍也。」叶「志咍」，同屬於「之部」；《楚辭·天問》「焉有龍虬，負熊以遊。雄虺九首，倏忽焉在。何所不死，長人何守。」叶「虬遊首在死守」，

屬於「幽部、之部、脂部」互叶。總之，在上古韻文中，有很多上述幾部互叶韻例，茲不贅舉。

二、陽聲各部

劉曉南（2001）「宋代江浙方言區陽聲韻部的通押，情況比較複雜，但都可以從方言讀音中找到支持。」[五一] 元代李孝光詩韻之陽聲韻部分，情形更為紛繁。陽聲韻各部互叶，主要是元音相同或相近、韻尾不同的相鄰韻攝之間相押，即-m、-n、-ng尾在不同程度上相混。蔡嶸（2006）「在樂清話中，鼻韻尾只有-ng，沒有前鼻韻尾-n」[五二]。

（一）江陽部與東鍾部（庚蒸部字押入的用單橫線標出，反映了韻書記載的音變現象）

（1）七言古詩《張葵齋所藏〈江山風雨圖〉》223～224：龍蓉楓江翁峰；（2）四言古詩《原田》121～122：同壤；（3）五言古體《天台謠送人還山》147：桑芒通旁羊蒼裳潢方芳窗章狂霜光宮生笙；（4）五言古體《韓別駕舊宅》158：坊祥冰藏叢幢蓬忙禳傍方風抗蒙隍牆堂兄功躬生平床中恙良恒償揚響殃彰空璋漿香皇昌慶強；（5）五言古體《謝山人詩卷為鶴陽外祖題》170：傍唐長窗昌霜章揚明江厖笙鳴荒宣光滂成宮；（6）文《洞神宮青溪堂記》51：央瀜通

兩部相押在閩方言區域最早出現於宋代，宋代福建文士詩詞文用韻19例（劉曉南1999）。宋代溫州地區兩部相押計3例，存於薛季宣五律《誠臺雪望懷子都》、王十朋七古《送僧遊徑山》和戴栩七古《捕蝗回奉化有感》中。李孝光詩韻中兩部通押共計6例，在現代永嘉和樂清方言中，《廣韻》通、江、宕攝有一部分韻字的主元音相近，如：

韻　字	陽	強	香	荒	巷	唐	窗	雙	東	通	宮
樂　清	ɑ	ɑ	ɑ	o	o	o	o	o	o	o	o
永　嘉	ɛ	ɛ	ɛ	ɔ	ɔ	ɔ	ɔ	ɔ	o	o	o

我們認為，李孝光詩韻中上述用例是方音入韻現象，同時也說明現代甌語的某些特徵，早在宋代可能逐漸趨於出現，元代繼續發展。

（二）寒先部與真文部

（1）古樂府騷《有車送韓從事行縣》103：遠漫川安顛田人艱民言；（2）

四言古詩《有樊》124～125：樊蓁繁；（3）古樂府騷《白翎雀》88：人賢天年前垣仙年；（4）古樂府騷《行則有車送李德章侍尊父入京師》114：川阪本鉉愆遠

以上四例屬於相鄰韻攝之間的互押，這種現象不是元代才出現的，在張令吾所著的北宋江浙詩人徐積、張耒用韻考（張令吾 1998，2004）中均出現這樣的例子，可見臻攝和山攝的關係較為密切。

同時，真文部與寒先部通押多數有元韻字的牽扯。元韻系轉入寒先部是宋代通語現象。除了元韻系，在宋代福建、江西等地的詩詞韻中，真文部、寒先部兩部相押例較多（魯國堯 1980，1992）（杜愛英 1998），宋代溫州詩韻中兩部相押 27 例，集中反映在許景衡、王十朋、許及之、薛季宣、陳傅良、葉適、徐照等詩人的詩作中（丁治民 2007）。一般認為這是由於主元音不同，韻尾相同而形成的通押。元代李孝光詩韻押入寒先部的不僅是元韻系，而且包括元真痕魂四韻系，雖然元代樂清地區的古音具體音值我們還不十分清楚，但透過現代樂清方音我們還是能推測其音類是比較趨近的。現代溫州方言中，《廣韻》山攝寒桓兩韻與臻攝痕魂兩韻大部分韻字的韻母完全相同，元韻合口呼與先仙兩韻的合口呼韻母也完全相同。試看下面溫州方音列表：

韻　字	半	盤	瞞	蠻	看	漢	端	團	亂	酸	官	盆	恩	吞	論	尊
溫　州	ø	ø	ø	ø	ø	ø	ø	ø	ø	ø	ø	ø	ø	ø	ø	ø
樂　清	ø	ø	ø	ø	ø	ø	ø	ø	ø	ø	ø	ø	ø	ø	ø	ø
瑞　安	ø	ø	ø	ø	ø	ø	ø	ø	ø	ø	ø	ø	ø	ø	ø	ø
永　嘉	ø	ø	ø	ø	ø	ø	ø	ø	ø	ø	ø	ø	ø	ø	ø	ø

韻　字	元	袁	遠	宣	川	船	卷	全	懸	淵	緣	專	勤
溫　州	y	y	y	y	y	y	y	y	y	y	y	y	y
樂　清	y	y	y	y	y	y	y	y	y	y	y	y	y
瑞　安	yø	yø	yø	yø	yø	yø	yø	yø	yø	yø	yø	yø	yø
永　嘉	y	y	y	y	y	y	y	y	y	y	y	y	y

上述韻例主要是臻攝痕魂兩韻系與山攝寒桓兩韻系相押，但同時有真韻系和先仙韻系押入的現象，在各點方音中，真韻系韻字讀音為［aŋ］和［iaŋ］

等，先仙開口呼等韻的讀音為 [a]、[i]、[ie] 等，與寒桓、痕魂韻系的讀音不同，這說明元代溫州地區臻攝和山攝在韻類分合方面與現代甌語不盡相同。

（三）真文部與侵尋部

古樂府騷《白翎雀》88：君心淪人臣麟

初唐江浙詩人共 6 例梗臻深咸混押現象（儲泰松 2005）；宋代福建地區兩部相押 20 例（劉曉南 1999）；這類語音現象從現代甌語中仍能找到依據。現代溫州方言「侵」韻、「真」韻字多數讀-aŋ、-iaŋ 韻，除麗水和皖南部分地區外，漢語方言很少有這種讀法（顏逸明 2000）[五三]。現將溫州音和北部吳語上海音列表比較如下：

韻　字	溫　州	韻　字	上　海
心辛	saŋ44	心	tsəŋ53
尋人	zaŋ31		
針巾	tɕiaŋ44	針	ɕiŋ53

為更確切說明問題，我們把現代樂清方音列舉數字於下：

韻　字	心	辛	尋	人	針	巾	君	淪	麟	侵	文
方　音	aŋ	aŋ	aŋ	aŋ	aŋ	aŋ	aŋ	aŋ	aŋ	aŋ	aŋ

從上表可以看出，真文部和侵尋部相押在溫州地區有據可依，這是深攝字-m 尾逐漸轉化為-n 尾，最後形成現代溫州音-ng 尾的一個例證，現代樂清方音則均讀相同的韻母，雖然我們不知當時具體是不是讀 [aŋ]，但至少音類是趨近的，因此這兩部相押正是詩人實際語音的流露。李詩用例雖少，卻值得重視。

（四）真文部與庚蒸部

兩部通押在李孝光詩韻中有 6 例，分列於下：

（1）五言古體《寄憲使本齋王公》184：濱城身；（2）五言古體《贈林泉生兄弟》193：徵情行傾人嚶身鶯；（3）文《洞神宮青溪堂記》51：生萌京文星君；（4）四言古詩《河流為陽君錫作》119～120：敬仁；（5）古樂府騷《擇木為巢索性作》107：陵矰名仁；（6）古樂府騷《行則有車送李德章侍尊父入京師》114：船姓仁鄰（寒先部「船」押入真文部，上文已有論述）

這類語音現象初唐即已出現，中唐有所發展，但南方用例少於北方（儲泰松 2005）。宋代南方地區迅速擴大，僅福建地區兩部相押就有 209 例（劉曉南

1999）。現代溫州方言臻攝、梗攝和曾攝總有部分字讀音互相參差，但都合流為一個韻尾-ŋ。李孝光詩韻體現了這一韻尾合流而演變的趨勢。現將部分韻字讀音開列於下：

韻　字	人	身	文	很	能	棱	昏	徵	情	增
溫　州	aŋ 文讀	aŋ	aŋ	aŋ	aŋ	aŋ	aŋ 文讀	eŋ	eŋ	aŋ
樂　清	aŋ 文白	aŋ	aŋ	aŋ	aŋ	aŋ	uaŋ 文讀	eŋ	eŋ	aŋ
瑞　安	aŋ 文白	aŋ	aŋ	aŋ	aŋ	aŋ		eŋ	eŋ	aŋ
永　嘉	aŋ 文白	aŋ	aŋ	aŋ	aŋ	aŋ		ieŋ	ieŋ	aŋ

（五）真文部、庚蒸部與侵尋部

四言古詩《嘉樹為鄭氏義門作》126～127：昆敬淫庭行訓，昆，魂韻字；敬，映韻字；淫，侵韻字；行，平聲二音：《廣韻》庚韻戶庚切，行步也，適也，往也，去也；又唐韻胡郎切，伍也，列也。原句作「兄弟雁行」，音義與「戶庚切」合，為庚韻字。訓，問韻字。在現代樂清方言中，不存在-m韻尾，只存在一個後鼻韻尾-ŋ。

（六）江陽部與庚蒸部

古樂府騷《蓮葉何田田》85 第一韻段叶「央生」

陳增傑《李孝光集校注》前言第 5 頁引蔣易《元風雅》卷二三李五峰詩後附言：「叶韻近代用之者鮮，獨於五峰屢見之。如前詩『生』與『央』叶……颯颯乎《騷》《選》之遺音。」可見為詩人以古音協韻用例。

（七）覃談部與侵尋部

兩部相押，宋代溫州地區未見用例。《詩經·小雅·常棣》第七章「妻子好合，如鼓瑟琴。兄弟既翕，和樂且湛。」叶「琴湛」，上古同屬「侵」部。李孝光詩韻中二部相押 1 例，典型的仿古韻例。

七言古詩《題鐵仙人琴書安樂窩》235～236：愔甚

（八）真文部、覃談部與侵尋部

古樂府騷《福源精舍》106 第二韻段：深吟南心粼春。原詩為「極浦兮水深，下有兮龍吟。簫作兮波浪湧，送將歸兮於南。諒佳人兮未遠，令我思兮何心。颮風兮吹人，層波兮粼粼。掇芳草兮寄遠，與我期兮陽春。」「南」字韻

書均收於覃韻，中古不協侵韻，但「南」字古屬侵部，《詩經》中「南」常協侵韻字。唐人如此協韻，如《休齋詩話》「柳子厚《平淮詩》『震是朔南，以告德音』皆以叶古音」宋吳棫《韻補》真韻收南字，正音尼心切［五四］。此處元代李孝光亦為仿《詩經》用韻。

三、入聲各部

（一）藥覺部與屋燭部

（1）文《崑山州重修學宮記》58：<u>屬學</u>；（2）文《洞神宮青溪堂記》51：<u>福樂谷</u>；（3）古樂府騷《擇木為婁索性作》107：<u>木欲樂毒</u>

張令吾（2000）從宋代江浙詩人翁卷和薛季宣（均為永嘉人）用韻中，發現 2 例藥覺學部與屋燭部通押的現象［五五］，李孝光詩韻中的 3 例更進一步證明了本文在陽聲韻中討論的吳語區江韻與陽唐部和東鍾部之間的參差錯落的關係，為吳語區通用的用韻特徵。

現代甌語入聲韻不帶塞音韻尾，也沒有喉塞尾，所有入聲都讀成開尾，《廣韻》江、宕、通攝的入聲韻的主元音在甌語中都念，試舉數例：

韻　字	各	樂	惡	曲	木	玉	欲	學
溫　州	o	o	o	yo	o	yo	yo	o
樂　清	ou	ou	ou	ou	ou	ou	ou	ou
瑞　安	o	o	o	yo	o	yo	yo	o
永　嘉	o	o	o	yo	ou	yo	yo	o

宋代溫州地區屋燭部和藥鐸部相押 13 例，見於王十朋等人的詩作中（丁治民 2007），而宋代其他地區未見這一現象，則宋代甌語已經沒有入聲韻尾是同時期甌語的特色。李孝光詩韻繼續印證著這一現象，至於宋元時期甌語入聲韻尾有無喉塞音尾，待考。

（二）月帖部與德緝部

張令吾（2000）認為「德緝與薛帖相押是宋代蘇北方言區與吳語區共有的用韻特徵」［五六］。宋代江浙詩人用韻 45 例（張令吾 1998），今在元代樂清詩人詩人李孝光處發現月帖部與德緝部相押總計 5 例，作為補證，足以說明元代甌語區也有類似的音韻現象。

（1）五言古體《同靳從矩縣尹宿雁山天柱院》198：<u>齧揭缺穴出掣舌虩闕</u>

蝶月雪裂結蘗別悅櫯嵼（術韻押入月帖部）；（2）詞《念奴嬌‧贈余氏子和東坡赤壁韻》561：物壁雪傑發滅發月（物錫韻押入月帖部）；（3）詞《念奴嬌》568：物壁雪傑發滅發月（物錫韻押入月帖部）；（4）七言古詩《和薩郎中秋日海棠韻》221：息蝶色（帖韻押入德緝部）；（5）七言古詩《湖山八詠‧石亭避暑》211：熱客（薛韻與陌韻同用）

　　《廣韻》臻攝三等、梗攝、曾攝三等和山、咸兩攝的三四等開口以及曾攝、山咸兩攝一二等的開口和臻攝、山咸兩攝一二等合口入聲韻大部分在現代甌語中讀音相同，但各個方言點音值不完全一致。

韻　字	熱	滅	蝶	傑	妾	葉	業	別	力
溫　州	i	i	i	i	i	i	i	i	i
樂　清	i	i	i	i	i	i	i	i	i
瑞　安	ei	ei	ei	ei	ei	ei	ei	ei	ei
永　嘉	i	i	i	i	i	i	i	i	i

韻　字	鴿	割	缺	越	術	出	澤	客	革
溫　州	y	y	y	y	y	y	a	a	a
樂　清	ø	ø	ø	ø	ø	ø	e	e	e
瑞　安	ø	ø	ø	ø	ø	ø	a	a	a
永　嘉	y	y	y	y	y	y	a	a	a

　　元代甌語與現代甌語相比，音值不可能完全相同，這應該是語音經過七個多世紀發展演變的結果，通過李孝光詩韻同古代詩韻以及現代方音的比照，可以看出，語音演變是具有一定繼承性和系統性的。

第三節　塞音韻尾的脫落與去入為韻

　　從詩文用韻的角度來說，塞音韻尾的脫落和去入為韻是指含-t、-k尾的韻部與陰聲韻部的通押。無論是陰聲韻押入入聲韻，還是入聲韻押入陰聲韻部，同一韻段的字，其主元音都應是相同的，或者非常接近。所謂去入為韻，是指泰韻與黠韻、暮韻與屋韻通押的現象。現代溫州方言無入聲韻尾，只保留入聲調。李孝光詩韻以下幾例反映出入聲韻尾脫落的趨勢至少在元代時期或更早就已經開始了。

一、平入為韻 2 例

七言古詩《和叔夏寄童質夫》212～213：滑點發月<u>差</u>皆須虞滅薛月月

七言古詩《湖山八詠・曉寺僧鍾》208～209：落角作覺<u>何</u>

二、去入為韻 2 例

文《崑山重修學官記》58：察<u>蝨</u>

七言古詩《和陳叔夏章字韻詩送此山師》249：屋<u>露</u>

第六章　近體詩的借韻與出韻情況討論

現存李孝光近體詩 492 首，其中 7 首押仄聲韻，485 首押平聲韻。先將 7 首仄聲近體詩列舉如下：

五言絕句《深竹堂》455 叶「露度」；五言絕句《呂子敬所藏趙子昂〈墨蓀〉》452 叶「寄地」；五言絕句《古鐵缽》455 叶「撓飽」；六言絕句《雪晴》457 叶「小曉」；七言絕句《十月庚申登舟口號》499 叶「楫篋叶」，屬於押「葉帖韻」借「緝韻」性質；五言絕句《羅翠軒》456 叶「谷沐」；五言絕句《題皎如晦長老煮筍貼》452 叶「觸玉」。

魯國堯先生（1986）「唐宋金元科舉基本上以詩賦取士，近體詩用韻需要遵守功令……正式的 106 韻的『平水韻』的確立是在金代，錢大昕於黃丕烈處得見元刊本金王文郁《新刊韻略》（卷首有許古正大六年即 1229 年序）後，首倡此說。王國維又見金張天錫《草書韻會》，前有趙秉文序，署正大八年（1231年），二書分韻同為 106 韻，遂認為二書皆祖金人功令。」[五七] 李孝光生活於金元之際，對元代功令平水韻 106 韻（其中平聲 30 韻）深諳於胸，其 485 首平聲近體詩除未押下平十五咸外，共押了 29 韻。

排比版本系統，恢復李孝光詩文集《五峰集》的原貌 [五八]，所得近體詩的用韻一般比較嚴格，但由於所作的詩有時是為了官場奉唱，有時是為了友人應和，有時是個人即興所發，不一定全是為了應募科舉。因此李孝光近體詩用韻的特點是有一定數量的「借韻」和「出韻」現象存在，體現了一些當時的通

語現象和方音特徵方音因素。我們可以把其近體詩的用韻與 106 韻的官韻比較，觀察其異同，從中體察溫州方言尤其是樂清方音的某些特點。

　　借韻實際上是詩人受家鄉方音的影響，在首句位置上對官韻的突破，即首句的「出韻」；「出韻」更是詩家大忌，但自從有了官韻束縛以來，由於漢語實際語音的發展，不少詩人寧可冒天下之大不韙，只要不是在「科場」之中，均出現了一定數量的遷就自己家鄉方音的實際語音入韻的詩例。李孝光詩亦不例外。如七言絕句《過釣臺》465 叶「飛絲遲」，即押「四支」而借「五微」韻。五言律詩《送人》271 叶「巾人深濱」，其中「深」為下平「十二侵」韻字，其餘為上平「十一真」韻字，此首即為「出韻」。

　　以下為根據王文郁《新刊韻略》平聲韻的韻目所列的李孝光近體詩「借韻」與「出韻」情況統計表：

本　韻	借　韻	出　韻	韻　部
（上平）一東	鍾1	鍾1	東鍾
二冬（鍾）		東1	
三江			江雙
四支（脂之）	微5	微3	支微
五微			
八齊			齊西
六魚	模2虞1	虞2	魚模
七虞（模）	魚1	魚3麻1	

本　韻	借　韻	出　韻	韻　部
九佳（皆）			咍灰
十灰（咍）			
十一真（諄臻）	文1寒1	侵1	真諄
十二文（欣）	痕1真1		文雲
十三元（痕魂）	元2真1寒1	元2諄1寒1諄1	元魂
十三元　元			
十四寒（桓）	刪1山1		寒先
十五刪（山）	寒2	寒2桓1	

本　　韻	借　　韻	出　　韻	韻　　部
（下平）一先（仙）	元1寒1	元1	寒先
二蕭（宵）			蕭豪
三肴		宵1	
四豪	宵2肴1	宵2	
五歌（戈）	麻1		歌戈
六麻			家麻
七陽（唐）			陽唐

本　　韻	借　　韻	出　　韻	韻　　部
八庚（耕清）	青8	青2	庚蒸
九青	清1蒸1	登1	
十蒸（登）	清1	青1	
十一尤（侯幽）			尤侯
十二侵	諱1		侵尋
十三覃（談）			覃談
十四鹽（添嚴）	侵1		鹽嚴

　　我們把李孝光近體詩詩韻與同時代的韻書《中原音韻》相較，得出以下幾條部類分合的差別：

　　1. 李孝光詩韻上平三江（江雙部）與下平七陽（陽唐部）互無借出韻現象，而《中原音韻》中卻歸立為一部，即江陽部。

　　2. 李孝光詩韻上平四支借五微5次，出五微3次，並可以歸納出支微和齊西兩部，而《中原音韻》對應部分歸立支思和齊微兩部。

　　3. 李孝光詩韻上平七虞（魚模部）出下平六麻（家麻部）一例，《中原音韻》則分立為魚模、家麻、車遮三部。

　　4. 李孝光詩韻上平十一真、十三元分別有借出十四寒和下平十二侵的現象，下平一先也有借出上平十三元和十四寒的用例，十二侵有借上平十一真的用例，並依據詩例析分為真諄、文雲、元魂、寒先、侵尋5部；《中原音韻》則分立真文、寒山、桓歡、先天、侵尋5部。

　　5. 李孝光詩韻下平八庚、九青、十蒸互有借出用例，而《中原音韻》則只立庚青一部。

　　6. 李孝光詩韻下平十四鹽（鹽嚴部）借十二侵一例，《中原音韻》則分立為侵尋、鹽咸、廉纖三部。

　　綜合比較上述表格，可知當時南北音之間還是存在一些差別的。同時，李孝光近體詩與古體詩用韻也有差異，主要表現在近體詩更多地遵從官韻。下面我們對其借、出韻情況作具體分析：

　　一、借出韻現象表現的唐宋以來的通語音變

　　痕魂兩韻借、出元韻，寒先部借、出元韻同古體詩反映出的現象一樣，李孝光詩韻反映出的「元韻」仍處在變動不居的狀態。

　　二、借出韻現象體現的古韻痕跡

　　魚模部出家麻部 1 例，鹽嚴部借侵韻 1 例均是於古有據的古韻特點，切合李孝光對《詩經》等上古典籍的諳熟同時是「浙派古樂府運動」倡導人之一特徵。

　　三、借出韻現象反映的元代溫州地區方音特點

　　真諄部借寒韻，元魂部借、出寒韻；真諄部出侵韻，侵尋部借諄韻；歌戈部借麻韻「槎」字等，同古體詩一樣，都在一定程度上反映出方音的某些特色。如五言律詩《送人》271 叶「巾人深濱」，其中「深」為下平「十二侵」韻字，其餘為上平「十一真」韻字之「出韻」例，說明元代樂清方音中，「-m」尾已有與「-n」尾趨同並最終演化為「-ŋ」尾的趨勢，所以混押。同時也說明官定韻書中分開的某些韻，甚至是距離較遠的某些韻實際上有親不可分的關係，這必然是根植於當時實際語音的結果。

第七章 結 論

　　我們在對李孝光詩文用韻進行考察時，運用魯國堯先生倡導的「二重證據法」，與現代溫州地區包括溫州市區話、樂清話、瑞安話、永嘉話進行比照，並把它放在元代前後包括唐宋至明時期溫州周邊地區以及通語演變的大背景中綜合考量，分析其韻類分合的各種表現，籍以確認其用韻反映出的通語、方音、古韻特徵。挖掘其作品中的深層語音系統，以期為語音史的構建提供有參考價值的材料。同時，小範圍地對個人或地區詩文用韻進行研究，理清一人一時一地的語音情況，希望能對詩韻進行宏觀把握作出點滴貢獻。

　　通過把李孝光用韻情況與通語、韻書以及現代方言進行對照，我們發現其詩韻反映出的語音現象與現代漢語及溫州方音也不完全吻合，這是語音在不斷變化的結果。其中古體詩和文的用韻中有幾個方面用例符合通語或韻書記載的音變現象：佳夬韻系部分字向家麻部轉化、灰韻系泰韻合口字向齊支部演化、尤侯部部分唇音字押入魚模、庚蒸部合口牙喉音開口唇音向東鍾部轉化，還有的詩韻用例體現元代樂清地區方音特徵：歌戈部與家麻部通押、魚模部與尤侯部通押、哈灰部與齊支部通押、魚模部與齊支部通押、歌戈部與魚模部通押、江陽部與東鍾部通押、真文部與侵尋部通押、真文部與庚蒸部通押、藥覺部與屋燭部通押、德緝部和月帖部通押等。同時，由於李孝光是著名的「浙派古樂府運動」的倡導人之一，加之曾經兩次出仕為官，因此其古體詩中不乏仿古用韻，近體詩大部分符合官韻特徵，少數不符合官韻規則的借韻和出韻用例在一定程度上體現著李孝光生活年代前後的樂清地區實際語音。又因溫州方音的複雜性特徵，有時一首詩或一個韻段中兼容通語和方音等多種特徵，我們

分別進行了討論。當然個人詩韻研究還有一定的侷限性，即有一些語音特色不能充分確認，同時，詩韻材料本身受平水韻約束較大的侷限性也使筆者很難全面把握當時當地的語音變化狀況，尤其是口語狀況。因此，今後應擴大考察範圍，注意更能反映口語特徵的元曲用韻，力爭使樂清地區語音史研究得到進一步完善和補充。

參考文獻

〔一〕周祖謨：《宋代汴洛語音考》〔J〕，1942 年，載於《問學集（下冊）》〔M〕，北京：中華書局，1996 年，581 頁。

〔二〕魯國堯：《談「主要從文獻研究漢語語音史」》〔J〕，載於《魯國堯語言學論集》〔M〕，南京：江蘇教育出版社，2003 年，275 頁。

〔三〕劉曉南：《宋代閩音考》〔M〕，長沙：嶽麓書社，1999 年，8～9 頁。

〔四〕劉曉南：《宋代閩音考》〔M〕，長沙：嶽麓書社，1999 年，11 頁。

〔五〕魯國堯：《論「歷史文獻考證法」與「歷史比較法」的結合》〔J〕，《古漢語研究》，2003.2：5 頁。

〔六〕〔日〕平田昌司：《胡藍黨案、靖難之變與洪武正韻》〔J〕，《南大語言學》，2005.2：46 頁。

〔七〕金雪萊、黃笑山：《中古詩文用韻考研究方法的進展》〔J〕，《語言研究》，2006.3：74 頁。

〔八〕顏逸明：《浙南甌語》〔M〕，上海：華東師範大學出版社，2000 年，1 頁。

〔九〕〔清〕江永：《古韻標準》〔M〕，北京：中華書局，1982 年，8 頁。

〔一○〕陳增傑：《李孝光集校注》〔M〕，溫州文獻叢書，上海：上海社會科學院出版社，2005 年，72 頁。

〔一一〕〔清〕江永：《古韻標準》〔M〕，北京：中華書局，1982 年，12～13 頁。

〔一二〕劉曉南：《宋代閩音考》〔M〕，長沙：嶽麓書社，1999 年，43 頁。

〔一三〕王力：《漢語詩律學》〔M〕，上海：上海教育出版社，1979 年，53、71 頁。

〔一四〕魯國堯:《魯國堯語言學論文集》〔M〕,南京:江蘇教育出版社,2003
　　　　年,435 頁。

〔一五〕劉曉南:《宋代閩音考》〔M〕,長沙:嶽麓書社,1999 年,45～46 頁。

〔一六〕王力:《王力文集》卷 14〔M〕,濟南:山東教育出版社,1989 年,
　　　　443 頁。

〔一七〕王力:《王力文集》卷 14〔M〕,濟南:山東教育出版社,1989 年,
　　　　446 頁。

〔一八〕王力:《王力文集》卷 14〔M〕,濟南:山東教育出版社,1989 年,
　　　　446 頁。

〔一九〕王力:《王力文集》卷 14〔M〕,濟南:山東教育出版社,1989 年,
　　　　446 頁。

〔二〇〕劉曉南:《宋代閩音考》〔M〕,長沙:嶽麓書社,1999 年,99 頁。

〔二一〕陳增傑:《李孝光集校注》〔M〕,溫州文獻叢書,上海:上海社會科
　　　　學院出版社,2005 年,245 頁。

〔二二〕儲泰松:《唐五代關中方音研究》〔M〕,合肥:安徽大學出版社,2005
　　　　年,138 頁。

〔二三〕劉曉南:《宋代文士用韻與宋代通語及方言》〔J〕,《古漢語研究》,
　　　　2001.1:26 頁。

〔二四〕〔明〕姜准:《岐海瑣談》〔M〕,蔡克驕點校,上海:上海社會科學院
　　　　出版社,2002 年,132 頁。

〔二五〕陳增傑:《李孝光集校注》〔M〕,溫州文獻叢書,上海:上海社會科
　　　　學院出版社,2005 年,248 頁。

〔二六〕劉曉南:《宋代閩音考》〔M〕,長沙:嶽麓書社,1999 年,154 頁。

〔二七〕轉引自劉曉南:《宋代閩音考》〔M〕,長沙:嶽麓書社,1999 年,157
　　　　頁。

〔二八〕〔明〕姜准:《岐海瑣談》〔M〕,蔡克驕點校,上海:上海社會科學院
　　　　出版社,2002 年,132 頁。

〔二九〕金雪萊、黃笑山:《中古詩文用韻考研究方法的進展》〔J〕,《語言研
　　　　究》,2006.3:75 頁。

〔三〇〕劉曉南:《宋代閩音考》〔M〕,長沙:嶽麓書社,1999 年,160～161
　　　　頁。

〔三一〕丁治民：《唐遼宋金北京地區韻部演變研究》〔M〕，合肥：黃山書社，
　　　　2006 年，35 頁。

〔三二〕儲泰松：《唐五代關中方音研究》〔M〕，合肥：安徽大學出版社，2005
　　　　年，120 頁。

〔三三〕魯國堯：《元遺山詩詞曲韻考》〔J〕，載於《魯國堯語言學論文集》，
　　　　南京：江蘇教育出版社，2003 年，437 頁。

〔三四〕儲泰松：《唐五代關中方音研究》〔M〕，合肥：安徽大學出版社，2005
　　　　年，125 頁。

〔三五〕劉曉南：《宋代閩音考》〔M〕，長沙：嶽麓書社，1999 年，162 頁。

〔三六〕張令吾：《宋代江浙詩韻特殊韻字探析》〔J〕，《古漢語研究》，2000.2：
　　　　47 頁。

〔三七〕蔡嶸：《浙江樂清方言音系再探》〔J〕，《溫州師院報》，2006.3：82 頁。

〔三八〕丁治民：《〈時要字樣〉的濁上變去》〔J〕，《語言研究》2004.1：101 頁。

〔三九〕丁治民：《濁上變去見於北宋考》〔J〕，《中國語文》2005.2。

〔四○〕張令吾：《宋代江浙詩人用韻研究》，博士學位論文〔D〕，南京：南京
　　　　大學，1998 年，39 頁。

〔四一〕蔡嶸：《浙江樂清方言音系再探》〔J〕，《溫州師院報》，2006.3：226～
　　　　276 頁。

〔四二〕劉曉南：《宋代閩音考》〔M〕，長沙：嶽麓書社，1999 年，118 頁。

〔四三〕劉曉南：《宋代閩音考》〔M〕，長沙：嶽麓書社，1999 年，108 頁。

〔四四〕劉曉南：《宋代閩音考》〔M〕，長沙：嶽麓書社，1999 年，121 頁。

〔四五〕劉曉南：《宋代文士用韻與宋代通語及方言》〔J〕，《古漢語研究》
　　　　2001.1：29 頁。

〔四六〕劉曉南：《從宋代福建詩人用韻看歷史上吳語對閩語的影響》〔J〕，《古
　　　　漢語研究》1997.4：32～33 頁。

〔四七〕張令吾：《北宋張耒古體詩用韻考》〔J〕，《語言研究》2004.2：89 頁。

〔四八〕轉引自顏逸明：《浙南甌語》〔M〕，上海：華東師範大學出版社，
　　　　2000.3 頁。

〔四九〕顏逸明：《浙南甌語》〔M〕，上海：華東師範大學出版社，2000 年，
　　　　3 頁。

〔五○〕張令吾：《宋代江浙詩人用韻研究》，博士學位論文〔D〕，南京：南京

大學，1998 年，41 頁。

〔五一〕劉曉南：《宋代文士用韻與宋代通語及方言》〔J〕，《古漢語研究》
　　　　2001.1：29 頁。

〔五二〕蔡嶸：《浙江樂清方言音系再探》〔J〕，《溫州師院學報》，2006.3：82
　　　　頁。

〔五三〕顏逸明：《浙南甌語》〔M〕，上海：華東師範大學出版社，2000 年，
　　　　4 頁。

〔五四〕參郭紹虞：《宋詩話輯佚》卷下〔M〕，北京：中華書局，1986 年，486
　　　　頁。

〔五五〕張令吾：《宋代江浙詩韻入聲韻部通押》〔J〕，《湖北民族學院學報（哲
　　　　社版）》2000.2：89 頁。

〔五六〕張令吾：《宋代江浙詩韻入聲韻部通押》〔J〕，《湖北民族學院學報（哲
　　　　社版）》2000.2：89 頁。

〔五七〕魯國堯：《元遺山詩詞曲韻考》〔J〕，載於《魯國堯語言學論文集》，
　　　　南京：江蘇教育出版社，2003 年，426～427 頁。

〔五八〕陳增傑：《李孝光集的版本系統及輯佚》，《溫州職業技術學院學報》
　　　　2016.3：67～70 頁。